悦·读人生

# On Leibniz
# 莱布尼茨

[美] 加勒特·汤姆森（Garrett Thomson）◎著
李素霞 杨富斌◎译

清华大学出版社
北京

北京市版权局著作权合同登记号 图字01-2018-1992号

On Leibniz
Garrett Thomson

Copyright © 2014 by Wadsworth, a part of Cengage Learning.

Original edition published by Cengage Learning. All Rights Reserved. 本书原版由圣智学习出版公司出版。
版权所有，盗印必究。

Tsinghua University Press is authorized by Cengage Learning to publish and distribute exclusively this simplified Chinese edition. This edition is authorized for sale in the People's Republic of China only (excluding Hong Kong, Macao SAR and Taiwan). Unauthorized export of this edition is a violation of the Copyright Act. No part of this publication may be reproduced or distributed by any means, or stored in a database or retrieval system, without the prior written permission of the publisher.
本书中文简体字翻译版由圣智学习出版公司授权清华大学出版社独家出版发行。此版本仅限在中华人民共和国境内（不包括中国香港、澳门特别行政区及中国台湾）销售。未经授权的本书出口将被视为违反版权法的行为。未经出版者预先书面许可，不得以任何方式复制或发行本书的任何部分。

Cengage Learning Asia Pte. Ltd.
151 Lorong Chuan, #02-08 New Tech Park, Singapore 556741

本书中文译文为中华书局许可使用。
本书封面贴有 Cengage Learning 防伪标签，无标签者不得销售。
版权所有，侵权必究。举报：010-62782989，beiqinquan@tup.tsinghua.edu.cn。

图书在版编目（CIP）数据

　莱布尼茨 /（美）加勒特·汤姆森（Garrett Thomson）著；李素霞，杨富斌译. —北京：清华大学出版社，2019（2022.11重印）
　（悦·读人生）
　书名原文：On Leibniz
　ISBN 978-7-302-52526-4

　Ⅰ. ①莱… Ⅱ. ①加… ②李… ③杨… Ⅲ. ①莱布尼兹（Leibniz, Gottfried Wilhelm Von 1646–1716）—哲学思想—思想评论 Ⅳ. ① B516.22

中国版本图书馆 CIP 数据核字（2019）第 046826 号

责任编辑：刘志彬
封面设计：李召霞
责任校对：王荣静
责任印制：杨　艳

| | | | | |
|---|---|---|---|---|
| 出版发行：清华大学出版社 | | 地　址：北京清华大学学研大厦 A 座 | | |
| http://www.tup.com.cn | | 邮　编：100084 | | |
| 社　总　机：010-83470000 | | 邮　购：010-62786544 | | |
| 投稿与读者服务：010-62776969，c-service@tup.tsinghua.edu.cn | | | | |
| 质量反馈：010-62772015，zhiliang@tup.tsinghua.edu.cn | | | | |
| 印　装　者：三河市铭诚印务有限公司 | | | | |
| 经　　销：全国新华书店 | | | | |
| 开　　本：148mm×210mm | | 印　张：5.5 | 字　数：103千字 | |
| 版　　次：2019年5月第1版 | | 印　次：2022年11月第2次印刷 | | |
| 定　　价：35.00元 | | | | |

产品编号：077047-01

# 莱布尼茨

哥特弗里德·威廉·莱布尼茨（Gottfried Wilhelm Leibniz, 1646—1716），德国哲学家，与笛卡尔、斯宾诺莎被并称为欧陆三大理性主义哲学家。出生于贵族家庭，大学毕业后从事法律和外交事务，并从事研究和著述。在汉诺威生活和工作了近40年。是历史上少见的通才，研究领域涉及哲学、数学、法学、物理学等，被誉为"17世纪的亚里士多德"。还是最早接触中华文化的欧洲人之一。著有《人类理智新论》《神义论》等。

莱布尼茨是欧陆理性主义哲学的高峰，应用第一性原理或先验定义，而不是实验证据来推导以得到结论。他提出单子论，认为世界必然是由自足的实体所构成。他称这些实体为单子。每个单子都反映着所有其他单子，并与它们相和谐。

## 内容简介

本书首先简要介绍了莱布尼茨的生平经历及研究历程,帮助读者了解其思想形成和发展的脉络,然后再选择性地着重对其"真理和实体""单子""空间和时间""政治学""伦理学""关于中国的研究"等方面的思想进行详细阐述,帮助读者既能全面了解莱布尼茨的整体思想,又能把握其富有启发性和包蕴性的思想。

# 总序

贺麟先生在抗战时期写道:"西洋哲学之传播到中国来,实在太晚!中国哲学界缺乏先知先觉人士及早认识西洋哲学的真面目,批评地介绍到中国来,这使得中国的学术文化实在吃亏不小。"[①] 贺麟先生主持的"西洋哲学名著翻译委员会"大力引进西方哲学,解放后商务印书馆出版的《汉译世界学术名著》的"哲学"和"政治学"系列以翻译引进西方哲学名著为主。20 世纪 80 年代以来,三联书店、上海译文出版社、华夏出版社等大力翻译出版现代西方哲学著作,这些译著改变了中国学者对西方哲

---

① 贺麟. 当代中国哲学. 上海:上海书店,1945:26.

学知之甚少的局面。但也造成新的问题：西方哲学的译著即使被译为汉语，初学者也难以理解，或难以接受。王国维先生当年发现西方哲学中"可爱者不可信，可信者不可爱"，不少读者至今仍有这样体会。比如，有读者在网上说："对于研究者来说，原著和已经成为经典的研究性著作应是最该着力的地方。但哲学也需要普及，这样的哲学普及著作对于像我这样的哲学爱好者和初学者都很有意义，起码可以避免误解，尤其是那种自以为是的误解。只是这样的书还太少，尤其是国内著作。"这些话表达出读者的迫切需求。

为了克服西方哲学的研究和普及之间的隔阂，清华大学出版社引进翻译了国际著名教育出版巨头圣智学习集团的"华兹华斯哲学家丛书"（Wadsworth Philosophers）。"华兹华斯"是高等教育教科书的系列丛书，门类齐全，"哲学家丛书"是"人文社会科学类"中"哲学系列"的一种，现已出版88本。这套丛书集学术性与普及性于一体，每本书作者都是研究其所论述的哲学家的著名学者，发表过专业性很强的学术著作和论文，他们在为本丛书撰稿时以普及和入门为目的，用概要方式介绍哲学家主要思想，要言不烦，而又不泛泛而谈。因此这套书特点和要点突出，文字简明通俗，同时不失学术性，或评论哲学家的是非得失，或介绍哲学界的争议，每本书后还附有该哲学家著作和重要第二手研究著作的书目，供有兴趣读者作继续阅读之用。由于这些优点，这套丛书在国外是不可多得的哲学畅销书，不但是哲学教科书，而且是很多哲学业余爱好者的必读书。

"华兹华斯哲学家丛书"所介绍的，包括耶稣、佛陀等宗教创始人，沃斯通克拉夫特、艾茵·兰德等文学家，还包括老子、庄子等中国思想家。清华大学出版社从中精选出中国人亟须了解的主要西方哲学家，以及陀思妥耶夫斯基、梭罗和加缪等富有哲思的文学家和思想家，以飨读者。清华大学出版社非常重视哲学领域，引进出版的《大问题：简明哲学导论》等重磅图书奠定了在哲学领域的市场地位。这次引进翻译这套西文丛书，更会强化这一地位。现在越来越多的人认识到，在思想文化频繁交流的全球化时代，没有基本的西学知识，也不能真正懂得中华文化传统的精华，读一些西方哲学的书是青年学子的必修课，而且成为各种职业人继续教育的新时尚。清华大学出版社的出版物对弘扬祖国优秀文化传统和引领时代风尚起到积极推动作用，值得赞扬和支持。

张世英先生担任这套译丛的主编，他老当益壮，精神矍铄，认真负责地选译者，审译稿。张先生是我崇敬的前辈，多年聆听他的教导，这次与他的合作，更使我受益良多。这套丛书的各位译者都是学有专攻的知名学者或后起之秀，他们以深厚的学养和翻译经验为基础，翻译信实可靠，保持了原书详略得当、可读性强的特点。

本丛书共44册，之前在中华书局出版过，得到读者好评。

我看到这样一些网评："简明、流畅、通俗、易懂，即使你没有系统学过哲学，也能读懂"；"本书的脉络非常清晰，是一本通俗的入门书"；"集文化普及和学术研究为一体"；"要在一百来页中介绍清楚他的整个哲学体系，也只能是一种概述。但对于普通读者来说，这种概述很有意义，简单清晰的描述往往能解决很多阅读原著过程中出现的误解和迷惑'"；等等。

这些评论让我感到欣慰，因为我深知哲学的普及读物比专业论著更难写。我在中学学几何时曾总结出这样的学习经验：不要满足于找到一道题的证明，而要找出步骤最少的证明，这才是最难、最有趣的智力训练。想不到学习哲学多年后也有了类似的学习经验：由简入繁易、化繁为简难。单从这一点看，柏拉图学园门楣上的题词"不懂几何者莫入此门"所言不虚。我先后撰写过十几本书，最厚的有八九十万字，但影响最大的只是两本30余万字的教科书。我主编过七八本书，最厚的有100多万字，但影响最大的是这套丛书中多种10万字左右的小册子。现在学术界以研究专著为学问，以随笔感想为时尚。我的理想是写学术性、有个性的教科书，用简明的思想、流畅的文字化解西方哲学著作烦琐晦涩的思想，同时保持其细致缜密的辨析和论证。为此，我最近提出了"中国大众的西方哲学"的主张。我自知"中国大众的西方哲学，现在还不是现实，而是一个实践的目标。本人实践的第一步是要用中文把现代西方哲学的一些片段和观点讲得清楚明白"[1]。欣闻清华大学出版社要修订再版这套译丛,每本书都是讲得清楚明白的思想家的深奥哲理。我相信这套丛书将更广泛地传播中国大众的西方哲学,使西方哲学融合在中国当代思想之中。

赵敦华<br>2019 年 4 月

---

[1] 详见赵敦华. 中国大众的现代西方哲学. 新华文摘,2013(17):40.

# 序言 | Preface

> 当我评价别人时若出现差错,我宁愿错在宽容他人上。对他人著作的评价也是如此。在著作中,我努力发现的不是应该责怪什么,而是应该赞扬什么,应该从中学到哪些东西。
> (Mackie, p.227)

莱布尼茨是17世纪最有才气的知识分子,可能也是那个时期最为博学的人。他感到尽自己最大的可能去理解宇宙的奥秘是其神圣的职责,并认为这是他造福人类的最好办法。他不知疲倦地研究着,试图把几辈子才能完成的工作在一生中完成。正如上述引文所指出的那样,莱布尼茨的哲学方法是博采众长，并通过综合而创新。他把他那个时代和古代的主要哲学思潮结合为一个新的整体。而且，莱布尼茨不只是一位哲学家，他还是一位数学家、外交家、发明家、法学家、图书馆馆长，在其他更多的方面他也是一位杰出代表。正是通过这些职业的工作经历，使人们对他的哲学有所了解。正是由于上述这些因素，使莱布尼茨的哲学显得卓尔不群。他不仅涉猎范围十分广泛，而且他得出的一些结论也十分惊人。在这本书中，我将试图展示莱布尼茨思想的广博性，并通过对其思想推理过程的揭示，使莱布尼茨的结论更清楚地为人们所认识。

非常感谢克拉克（Dan Kolak）教授和我母亲琼汤姆森（June Thomson），他们为这部书稿提出了许多宝贵意见。我也把这本书献给我的爱子安德鲁（Andrew）。

# 目录 Contents

总序
序言

**1** 001　**一千零一个困惑**

美因斯 / 005
巴黎 / 008
汉诺威（一）/ 010
布伦瑞克 / 011
汉诺威（二）/ 013

**2** 017　**新方法**

通向形而上学之路 / 020
实体 / 021

**3** 025　**逻辑学：思想的符号系统**

组合艺术 / 027
命题算法 / 028
二进位制数学 / 032

## 4 035 真理和实体

主谓形式 / 036

真理的本性 / 037

实体的同一性 / 041

必然真理和偶然真理 / 045

关系 / 049

## 5 053 物理学迷宫

反驳笛卡尔 / 055

引力和物质 / 058

新选择 / 061

连续体的迷宫 / 063

结论 / 065

附录：数学 / 065

## 6 069 空间和时间

对绝对时间的反驳 / 071

时空的非实在性 / 075

结论 / 076

## 7 079 心灵和原因
机械论的范围 / 081
实体性的点 / 083
因果论 / 087

## 8 091 单子
单子 / 092
单子和因果性 / 094
单子是一面镜子 / 095
共时相似性 / 098

## 9 101 上帝
和谐 / 102
创世 / 104
对上帝的证明 / 108

## 10 115 伦理学
反对概念误用 / 117
三个层次 / 119
问题及其解决方法 / 122

## 11　125　政治学
国家主权 / 129

## 12　133　关于洛克
新论 / 135
形而上学和神学 / 138
灵魂 / 139
本质主义 / 142

## 13　145　中国
与白晋的通信联系 / 147
论中国自然神学 / 149
历史背景 / 151
结论 / 153

**参考书目** / 155

# 1

On Leibniz ——— 一千零一个困惑

哥特弗里德·威廉·莱布尼茨（Gottfried Wihelm Leibniz）不仅是一位学者，而且是一位活动家；不仅是一位职业外交家、矿业工程师和发明家，同时也是一位皇家历史学家和图书馆馆长。作为一名柏拉图学派的门徒，他还是一位举世闻名的哲学家和数学家，同时还是一位训练有素的律师。在上述这些领域中，莱布尼茨在不少方面取得杰出成就。所有这些共同构成了他极为充实而又活跃的一生。有一版由六卷组成的莱布尼茨著作，证明他确实兴趣广泛：

神学

哲学，包括他在科学方面的工作

数学

中国历史和哲学

外交

语言学和词源学论文

这些著作绝不是莱布尼茨的全部作品，人们还在编纂出版他的著作，并且已经出版了20卷。

莱布尼茨工作范围之广阔可以追溯到他早期的童年时代。他父亲是莱比锡大学的哲学教授。1652年，在莱布尼茨6岁时，他父亲去世。他母亲致力于抚养和教育这唯一的儿子和他的姐姐。莱布尼茨爱好学习，8岁时他就阅读了一位寄宿生遗留在他家房间里的两本拉丁文著作。莱布尼茨通过自学所获得的知识深深感动了与他家要好的一位朋友，这个朋友坚持要莱布尼茨的家人答应，一定要让这个孩子在他父亲的图书室里自由驰骋。幼小的莱布尼茨阅读了几乎涉及所有领域的大量知识，他掌握了拉丁文，并且学习了希腊哲学和经院哲学。在后来的生活中，他曾评价自己几乎是一个自学成才的人。

在中学学习的最后几年里，通过学习亚里士多德的逻辑学，莱布尼茨开始找到了自己的人生道路。他对亚里士多德作为知识条理化之手段的范畴特别感兴趣。通过这方面的研究，莱布尼茨发现了关于人类思想的符号系统观念，或者说发现了这样一种观念：通过获得一整套简单概念，所有真理都能得到证明。对这一观念的精心阐述成为莱布尼茨一生的主要工作之一，并且还影响了他的数学、逻辑学和形而上学。

1661 年，莱布尼茨 15 岁时，进入莱比锡大学学习哲学，后来又选修了法学。他的大学毕业论文题目是《论个体化原则的形而上学争论》( Metaphysical Disputation on the Principle of Individuation )。在这部早期著作中，我们发现"所有个体都被其总体个性化"这一原则，这对莱布尼茨后来进行形而上学研究非常重要。

大约就是在这个时期，莱布尼茨开始接触近代哲学，并且他感到自己必须在近代哲学和经院哲学之间做出选择。漫步在莱比锡市郊的罗森塔尔公园，莱布尼茨毅然决然地选择了近代机械论哲学，而正是由于这一选择，他决定研究数学。

1666 年，莱布尼茨 20 岁时，莱比锡大学以他过于年轻为由，拒绝授予他法学博士学位，因此他转到了纽伦堡的阿尔特多夫大学。在这里的第二年，他被授予法学博士学位。他的博士论文题目是《论法律中的一些棘手案例》( On Difficult Cases in Law )，发表于 1669 年。

大约在这一时期，莱布尼茨决定学习一些炼金术知识。当他发现他难以揭开炼金术之谜时，他就从那些讲述炼金术的著作中找了一大堆极为晦涩难懂的术语。用这些连他自己都不理解的措辞，他给这个秘密团体的首领写了一封信，声称他拥有渊博的炼金术知识。结果，这一诡计很奏效，他被接受加入这一秘密团体，甚至担任了该团体的秘书，并从该团体领取薪水。这件事表明，莱布尼茨对自己的能力抱有充分的自信，这也正是他整个人生的一个鲜明特征。

## 美 因 斯

1667年，莱布尼茨遇到了美因斯选帝侯的首相博因堡男爵（Baron von Boineburg）。年轻的莱布尼茨给男爵留下了极为深刻而美好的印象，以致男爵在选帝侯服务机构中为他觅了一个职位。与此同时，阿尔特多夫大学也给莱布尼茨提供了一个教授席位，但他婉言谢绝了，他转而接受了选帝侯法律顾问助手的职位。此后，莱布尼茨毕其一生为贵族和君主工作。

作为接受这一职位的结果，莱布尼茨撰写了几部法学论著，其中包括《讲授和学习法学的新方法》（*A New Method for Teaching and Learning Jurisprudence*）。该书包含许多当时的法律中正在失去的东西。另外，他还起草了一个改革德国法律的草案。德国法律是由各种不同法系的法律所组成的大杂烩，其中有罗马法、习惯法以及德意志各州的法律。为了使法律制度体系化，莱布尼茨希望用几个基本原则来界定所有法律概念。这是从法律上返回到他关于人类思想的符号系统观念的一个梦想。

在这一时期,莱布尼茨开始着手制订普遍知识体系的计划。这一梦想对他所从事的博因堡男爵的图书馆馆长的工作影响颇大。用男爵大量的藏书作样板，莱布尼茨根据学科内容编制了一个书目，这一工作在当时那个时代还是相当新奇的。他还请求许可他为其他主要的图书馆编制同样的目录，但总是受到拒绝。他也曾设想搞一个主要刊物，其中包括所有新的重要图书的摘要，帮助图书馆管理人员选择购买书籍，但是，他提出的两次申请都遭到了拒绝。

1669 年，莱布尼茨写了一篇短文，试图解决波兰王位的继承权问题。1668 年，波兰国王退位，几个觊觎王位者想得到王位。莱布尼茨所采取的解决办法是，论证波兰应该变成一个共和政体，并且应该通过选举选出一位觊觎王位者领导这个国家。

大约在这一时期，莱布尼茨写了一篇文章给博因堡，题目是《反对无神论者的自然忏悔录》（Confessions of Nature against Atheists），在其中他试图证明上帝的存在和灵魂的不灭。他在一家小旅馆写成这篇文章，随后寄给博因堡，但没有署名。神学家斯皮策尔（Spitzel）1669 年出版了这篇论文，但并不知道作者是谁。莱布尼茨还应博因堡的请求写了一篇《为三位一体论辩护》（Defence of the Trinity）。莱布尼茨是一位天主教徒，而且是重新联合德国天主教和路德宗教会两派的热心促进者。这一促使两派统一的方案成为莱布尼茨毕生从事的重要事业。

1670 年，莱布尼茨出版了他的第一部哲学著作——即为意大利人道主义者 M. 尼佐留斯（Marius Nizolius）1553 年出版的一部书再版时所写的一个序言和一些注释。尼佐留斯在其著作中对经院哲学家和亚里士多德进行了抨击，亚里士多德在哲学界占统治地位已达几个世纪之久。在这篇序言中，莱布尼茨指出，他并不从根本上反对自己的经院哲学背景。正如我们将要看到的，这正是他和其他近代哲学家们相区别的特征之一。

1671年，莱布尼茨出版了他的第一部自然哲学或物理学著作。这部著作的题目是《物理学新假说》（*A New Physical Hypothesis*），全书分为两个部分。莱布尼茨把第一部分，即关于运动的一般原理，献给巴黎研究院。而第二部分，即关于运动的具体原理，他则献给伦敦皇家学会，并把这一部分送给这家皇家学会。由于自己兴趣广泛，莱布尼茨热心地参加这些研究会的活动，并因而在后来取得丰硕成果。再后来，莱布尼茨打算组建自己的研究会。

这一时期，知识交流的主要媒介是个人之间的书信往来。莱布尼茨是一位热情的书信写作者，他的庇护人博因堡也是如此。他帮助莱布尼茨与整个欧洲的智士仁人建立了密切联系。用这种方式，莱布尼茨建立起一个与数百人联系的通信网。他保存这些往来信件已成为癖好，有1500多封信被他保留下来。正是靠这些信件，加上他的私人笔记，我们才获得了有关他的大部分哲学思想。莱布尼茨也试图解决"三十年战争"后法国对德国的威胁问题。路易十四统治时期，法国是一个统一国家，也是欧洲大陆的主要力量。与法国截然不同，现在我们所说的德国在当时却是由数百个对神圣罗马帝国皇帝缺乏忠诚的邦国组成。莱布尼茨设计了各种各样的方案来削弱法国经济的增长。他曾提出用由西印度生产的糖做成的廉价朗姆酒去切断法国白兰地的销路。他还为法国提出一个入侵埃及，去打击"异教徒"的计划，以此来分散路易十四对德国的注意力。博因堡赞赏他的计划，1672年春天派他去巴黎，以便在法国政府面前兜售这些计划。

## 巴　黎

到巴黎后不久，莱布尼茨就与著名的哲学家阿尔诺（Arnaucl）和马勒伯朗士（Malebranche）以及数学家惠更斯（Huygens）交上了朋友。他能够接触到笛卡尔和帕斯卡尔未曾发表的著作。笛卡尔的某些著作还是通过他所抄录的手抄本才得以保存下来的。

与巴黎相比，德国在数学上是落后的。莱布尼茨很快就意识到，他要学习的东西很多。他并没有灰心丧气，在惠更斯的指导下，他潜心研究数学，并且做出许多重要的数学发现。这些发现，后来曾导致他和牛顿之间发生了争执。

莱布尼茨赴巴黎的初衷毫无结果。然而，他却以官方职位继续留居巴黎，一直到1676年他30岁的时候。这段时间似乎正是莱布尼茨一生中开始形成自己思想的阶段。

1673年1月，莱布尼茨被派往伦敦。在伦敦，他与英国皇家学会的秘书建立了联系。莱布尼茨能够把自己制作的机械计算器原型拿给学会的成员们看，这个机械计算器原型能进行乘法和除法运算。因为在当时受过教育的人实际上也很少懂得乘法，所以这项发明就成为相当大的成就。而且，这项发明在1642年帕斯卡尔较早设计的加法器的基础上有了相当大的改进。1673年，莱布尼茨被选为英国皇家学会会员，原因在于他发明的机器被公认为当时伟大的发明之一。人们在汉诺威国家图书馆可以看到他的一个计算机模型。莱布尼茨梦想有一台更大的机器，能够用来使所有的推理过程都机械化。而且他设计了一个系统来给所有可能的思想编一个数码。

　　在他生命的这段时间，莱布尼茨还设计了几项其他发明。这些发明包括：空气压缩机、能在水下航行的船只、无液气压表、不用罗盘或观察星象就能测定船只所在位置的装置以及对镜片的许多改进。

　　莱布尼茨的伦敦之行被他的两个保护人突然去世的消息所中断。这两个人就是博因堡男爵和美因斯选帝侯。莱布尼茨返回巴黎，并继续担任博因堡儿子的私人教师，一直到1676年。莱布尼茨渴望在巴黎科学院谋得一个研究职位，但却没有如愿以偿，因此他接受了汉诺威法院顾问的职务。1676年10月，莱布尼茨绕道荷兰回到德国，曾与著名的哲学家斯宾诺莎进行了四天的热烈讨论。

# 汉诺威（一）

在汉诺威，莱布尼茨除担任法院顾问以外，还为他的新雇主弗里德里希公爵（Duke Friedrich）担任图书馆馆长。弗里德里希公爵拥有大量的藏书和手稿。1679年，该馆所有的收藏品从皇宫转移到汉诺威市中心的一幢新建筑物中。1681年，该图书馆又一次搬迁。最后，于1698年被安置到一个永久场所——莱布尼茨屋（在第二次世界大战中被毁后重建）。

莱布尼茨写信给公爵，建议改善公共管理现状，同时还建议全面进行经济调查，建立经济理事会，以促进贸易发展。他还建议公爵建立一个部门来管理各州的档案，并制定各种档案文件管理规则。

1679年，莱布尼茨向公爵提议说风力能用来抽去哈兹山银矿中的水。后来他还设计了许多种风车、抽水机和传动装置。莱布尼茨想用从矿山得到的资金建立学术协会，并以之作为协会的活动经费。反过来，这又有可能促使他完成其主要课题——关于普遍语言的百科全书。他认识到，一个学会需要有固定的经费来源。在此后9年中，他花费了一半的时间在哈兹矿山上，试图让这些各种各样的发明发挥作用。然而这一切最终都一一失败了。莱布尼茨认为，这是由于政府行政官员的有意阻挠所致，同时也是由于其他人害怕因技术进步而丢掉饭碗的结果。

莱布尼茨还提交了许多其他技术设计方案。一些与采矿有关，比如矿石运输工具以及改进炼钢方法。另一些与采矿无关，比如制造瓷器和亚麻布的方法，以及修造运河和使水脱盐的方案。

莱布尼茨也曾作过外交官。1676年，他发表了一篇论文，文章捍卫了德意志国家应该被看作一个主权国家而不仅仅是皇帝之臣属的权利。

莱布尼茨一生的使命之一，是使德国路德教派与天主教派相结合。以前，莱布尼茨曾为博因堡写过一些有关三位一体和列举反对无神论和唯物论的种种理由的文章。1679年，他试图写一本书来为新教教徒和天主教徒提供一种共同遵循的神学理论。在着手这项计划前，他从罗马教廷寻求保证，确定自己对关键的神学观点的解释不会被看作是异端邪说。这项计划由于他的庇护人弗里德里希公爵1679年12月的去世而被终止。莱布尼茨能用拉丁语和法语创作诗歌，为纪念他的庇护人逝世，他用拉丁语写了一首诗。

## 布伦瑞克

弗里德里希公爵的弟弟恩斯特·奥古斯特（Ernst Augusto）是他的继承人。1685年8月，莱布尼茨的矿山排水计划显然已经失败，因而奥古斯特就请莱布尼茨去写整个格威尔夫家族的历史，这部历史要求从该家族最早的祖先写起，一直写到当时。1686年12月，莱布尼茨接受了这项任务。为了研究这个家族的历史，他在1687年11月到1690年6月期间到巴伐利亚、奥地利和意大利作了一次长途旅行，并利用这个机会结识了不少学者，因而他被推选为罗马科学院的成员。

这期间，发生了一个触动其灵魂的小小奇遇。莱布尼茨乘坐一艘小船在威尼斯附近航行，他是船上唯一的游客。在遭遇暴风雨时，船上的水手们公然计划要把他抛下水，从而偷抢他携带的物品。莱布尼茨假装不知道他们的计划，他轻轻拿出一串念珠并假装祈祷，水手们以为莱布尼茨是天主教徒，便改变了自己的想法。

1690年，莱布尼茨带着他收集到的和格威尔夫家族历史有关的大量档案材料返回汉诺威，这些材料在1698—1700年出版了六大卷，1707—1711年，又出版了和格威尔夫家族特别有关的材料三大卷。其他材料在他死后才出版问世。但是，莱布尼茨却把这种历史研究工作看作是一种负担，就好像神话传说中的西西弗斯之石。（注：西西弗斯是希腊神话传说中的古代暴君，死后在地狱里被罚推石上山，但石头在接近山顶时又滚下来，于是重新再推，如此循环不息——译者加）1695年，他把自己的生活描述成充满困惑的。在他被迫寻找格威尔夫家族的历史文献时，他产生了许多有关数学和哲学的新思想，却没有时间去详尽阐述。的确，1697年，莱布尼茨曾表达过这样一个愿望：如果死神给他时间，使他能够完成他的所有计划，他将许诺不再设计任何新计划。莱布尼茨的传记作者艾克哈特（Eckhart）把他描写为一个认准目标后从不放弃的人。例如，1694年，他雇了一个熟练工人制造了一台计算机模型（这个模型能够进行12位数字的乘法运算），他还再一次试图把一些新的抽水机和水力引到哈兹矿山上。

莱布尼茨写了两篇有关格威尔夫家族历史的预备性论文。第一篇的题目是"原始的大地女神"，是一篇关于地质学的文章，是写有关化石和矿山形成的。第二篇是关于欧洲部落迁徙的。莱布尼茨搜集了大量有关欧洲语言起源的材料。

事实上，莱布尼茨从来不曾完成这项历史研究工作。他是一个喜欢获得高薪的人，他谋得各种社会兼职，包括在沃尔芬比特尔的奥古斯特图书馆的工作。他还从塞尔的威尔海尔姆公爵那儿获得薪水。在人生的这段时间，莱布尼茨把自己的时间分配在两个方面：一方面分在塞尔、布伦瑞克和沃尔芬比特尔；而另一方面则分在汉诺威。由于这些事务，他的许多时间也就花在乘坐四轮大马车的旅途之中了。

## 汉诺威（二）

恩斯特·奥古斯特死于1698年，他的长子乔治·路德维希（George Ludwig）继位。乔治·路德维希是莱布尼茨的新雇主。他对莱布尼茨在同一时间内从事那么多兼职不太满意，对这位哲学家许多"不显眼的书"则很不满。他最关心的是莱布尼茨完成格威尔夫家族历史的编写工作。

到大约1700年时，莱布尼茨自认为是王位继承问题方面的权威。关于每个重大事情，他都写过小册子，比如1700年西班牙的查尔斯二世死后，对西班牙和奥地利的王位继承问题，他就曾写书予以讨论。乔治·路德维希的妹妹请莱布尼茨为使她丈夫被任命为普鲁士国王帮忙。莱布尼茨对英国王位继承问题特别感兴趣。1689年通过的《权力法案》禁止天主教徒继承王位，这就使得王位继承权不可避免地将经过波希米亚的伊丽莎白——詹姆士一世的女儿——传到她的外孙——莱布尼茨的雇主——乔治·路德维希手中。然而，在1714年路德维希继位成为乔治一世之前，在伦敦和汉诺威之间有许多令人棘手的谈判。另外，莱布尼茨还曾劝说布伦瑞克的安东·尤尔里奇放弃自己担任德意志皇帝选帝侯的主张。1708年，为了布伦瑞克公爵，他试图获得希尔德海姆的主教职位。

这段时间，莱布尼茨非常积极地创办科学院。1700年，他担任柏林科学院创建会长，后又以建立普鲁士研究院而闻名。他试图在德累斯顿建立一个同样的研究院。考虑到柏林科学院运转需要经费，莱布尼茨试图找到进款。在许多新想法中，有一项想法是莱布尼茨建议养蚕。他拿到了在普鲁士生产丝织品的许可证，并提议种植桑树。

1712年，维也纳皇帝给莱布尼茨以帝国顾问的职位，并任命他为科学院院长。然而直到莱布尼茨去世，这个科学院也始终未能建立起来。到1712年时，他被五个欧洲王室所雇用，这些王室是：汉诺威、布伦瑞克、柏林、维也纳和圣彼得堡。当然，这也意味着他用于旅途的时间更多，他的雇主们也开始对他不满，尤其是汉诺威王室，它还正等着要他撰写关于格威尔夫家族的历史呢。

1714年，乔治·路德维希前往英国，成为英国国王。此时，莱布尼茨年事已高，已经不能像以往那样到处旅行。他留住汉诺威继续从事未完成的格威尔夫家族的历史研究工作。他希望尽快写完这部历史著作，以便有时间写一部重要的哲学著作。与此同时，他还在考虑搬迁到巴黎、伦敦、柏林甚至圣彼得堡。他最重要的一些哲学通信就是在这个时期写成的。1716年11月14日，莱布尼茨去世，享年70岁。

概而言之，莱布尼茨具有非常敏捷和十分惊人的活跃思想。他的笔记"显示了他是一位性情急躁然而却能尽可能快地表达自己思想观点的知识分子"（Jolley ed., 1995, p.70）。他能连续工作数月而不离开自己的研究课题。他为自己设计了一辆马车，以便在旅行中也能写作。然而，他对自己面临的这诸多困惑很不满意。为什么有时候他的生活会如此这般？首先是因为，他非常乐观且坚持不懈，一旦着手一个计划就从不放弃。我们已经看到,这种状况在他整个一生中曾多次出现。其次是因为,莱布尼茨有四个重要的庇护人,他们是博因堡男爵、弗里德里希公爵、恩斯特·奥古斯特公爵和乔治·路德维希公爵。这四个人对莱布尼茨的主要事业,即普遍语言的计划都不曾予以多大同情,结果,为了在某种程度上取悦于他的庇护人,莱布尼茨不得不陷入许多其他工作之中,比如矿山研究、历史研究和各种各样的政治方案设计等。再次,我们必须看到,莱布尼茨自己的虚荣心也导致他同时拥有那么多雇主。奥尔良公爵夫人说,莱布尼茨像一个年轻人,"时髦而雅致的打扮,体味清香,善讲笑话,在知识分子中,这是非常罕见的"(Ross, p.26)。然而,在他进入暮年之时,他的过于华丽的服饰和过时的打扮,则往往使他成为笑料。最后,但却相当重要的是,我们必须记住:莱布尼茨有着宽厚的仁爱情感和对人类的关怀,这一点推动着他的所有的工作。他自己这样写道:

○ 　　假如某项重要工作获得成功,我不在意它是完成在德国还是法国,因为我寻求的是人类之善。(Riley, p.39)

# 2

On Leibniz ———— 新方法

**在**莱布尼茨的哲学工作中，我们能看到一个外交家、数学家和发明家所具有的诸多优良品质。然而，在这些头衔中，也许外交家最为引人瞩目。莱布尼茨是不同观点的主要调和者。除了试图调和经院哲学和近代哲学之外，他还试图调和原子论和笛卡尔主义、机械论和活力论。（正如我们后面将看到的，莱布尼茨为人处世的两种不同性格影响了他从事哲学研究的风格，这两种不同的性格就是仁爱和乐观主义。）

　　莱布尼茨在莱比锡的大学老师雅科布·托马修斯（Jacob Thomasius）是一个思想家小组的成员，这个小组里的思想家们具有一种独特的哲学方法。这些思想家认为，亚里士多德（前384—前322年）被中世纪的经院哲学家们严重误解了,并且认为通过"重新发现"亚里士多德的思想,便能获得一些重要见识。此外,这些人在哲学中实践一种折中方法,根据这种方法,通过把非常不同的哲学传统的著作结合为一个内在一致的理论体系,人们就能获得正确的哲学观念。莱布尼茨继承了这种工作方法,并且多亏这种方法,他寻找真知灼见甚至远至遥远的中国。

根据这种和谐精神,莱布尼茨断言:

○ 我发现在他们所提出的较好的理论中大部分是正确的,尽管在他们所否定的观点中并非如此。(1714年1月10日,写给雷蒙的信)

他还断言:

○ 我们最大的错误就是宗派精神,这种精神由于刺激了他人也给自己带来局限。(Loemker, p.496)

这些引文表明了莱布尼茨的哲学方法所具有的独特特征。通过把不同哲学传统的确定看法调和为一个内在一致的整体,同时通过尽力克服它们之间的明显矛盾,人们就能获得正确的哲学观点。特别是近代机械论哲学家们,他们抛弃了亚里士多德哲学的全部思想,这是错误的。一定有一种方法可以把二者协调起来。

此外，根据莱布尼茨的哲学，这种调和蕴含着解决当时宗教冲突和政治冲突的秘诀。莱布尼茨生活在一个政治极不统一的时代，这种政治的不统一导致了宗教的不协调，而宗教的不协调则又是由哲学上的冲突所引起的。莱布尼茨梦想有一个和平的欧洲，并认为建立欧洲和平的主要障碍在于新教与天主教之间的分裂。教派重新统一的障碍牵涉到某些教义条款，比如圣餐的变体，这个问题会被好的哲学所解决。特别是近代哲学，它试图抛弃自己的经院哲学根基，这是非常错误的。

## 通向形而上学之路

作为一个初出茅庐的年轻人，莱布尼茨有三个主要计划。第一个计划就是完成他少年时代的想法：人类思想的符号系统。这一计划导致他毕生一直从事逻辑学方面的研究工作，并致力于思考命题的本质和真理的概念等诸如此类的问题。正是这一计划导致莱布尼茨以百科全书式的形式构思所有知识。他曾计划搞一本百科全书，书名为《多之又多》(Plus Ultra)。为此，他写了许多关于逻辑学的入门性片段和论文。在后来的生活中，这一计划鼓舞他组建了许多学会，这反过来又促使他从事能够带来收入的工作项目，比如经营哈兹矿山和蚕丝农场。

他毕生的第二个计划是有关物理学方面的。莱布尼茨对两个主要的近代物理学派很不满意,这两个物理学派是原子派和笛卡尔主义。他的微积分数学运算工作曾导致他深入思考物质无限可分的含义。而这两个近代思想派别都没有充分论述这一观点,因为这两个学派都忽视了亚里士多德关于物质及物质和运动之间的关系问题。

莱布尼茨的第三个主要计划是协调天主教和新教这两个对立教派之间的关系。受第一位庇护人博因堡男爵的鼓励,莱布尼茨于1668年开始着手《天主教证明》(Catholic Demonstrations)这篇论文的写作。这是他毕生从事的统一两个教派计划的第一步。在这里,莱布尼茨在某种程度上被根源于宗教分裂的政治骚乱所推动。莱布尼茨认为,政治骚乱问题建立在哲学误解的基础上,因此,他试图首先澄清理论问题。

当然,即使在他成年的早期阶段,莱布尼茨除这三项计划外也还有一些其他计划。然而,这三项计划对他思想的发展来说却是最基本的。对这三项计划的研究越深入,它们也就越来越趋向于共同的形而上学结论。莱布尼茨成熟的形而上学理论在很大程度上就产生于这三项计划。

## 实　　体

然而,又有一个因素需要提出来,这就是:莱布尼茨从年轻时起就对个体性原则感兴趣。这一原则是他大学毕业论文的主题。激发这一论题的问题是：实在究竟是由什么构成的？亚里士多德哲学的回答是：实在从根本上说是由实体构成的。这一简明的回答为莱布尼茨终生思考形而上学问题提供了一个基本依据。这一简明回答的意思是说：一个人要想理解实在的本质，就需要恰当地理解实体概念，特别是需要理解实体是如何区别开来的问题。为了揭示实在由什么构成，我们必须找出哪类东西具有非派生性。某些现象，比如笑容与笑声，仅仅在其他更基本的东西存在时才能存在，比如，必须存在着微笑或大笑的人，才能有笑容和笑声的存在。根据这一解释，莱布尼茨认为实体具有非派生的性质。

正如我们将看到的，莱布尼茨成熟的形而上学描绘了一幅新颖而又独特的实在图景。从大概轮廓来看，它"阐述了一个重要的、永久性的形而上学选择方案，这一方案是这一领域中少数几个真正有可能成为正确方案中的一个"（Adams，1994，p.5）。为了理解这一体系，我们需要追踪支撑他的形而上学结论的有关讨论。在这里我们发现存在着三个困难。第一个困难是莱布尼茨关于语言和真理、物质和空间、心灵和实在的理论非常紧密地相互联系着，它们像一个压缩的线球，由于这一原因，我们很难找出他进行推理的主线。第二个困难是莱布尼茨一生中经常改变自己的观点。第三个困难是他的许多哲学思想都散见于各类杂志和书信中，而不是在其著作中。他撰写的形而上学著作主要有：

| | |
|---|---|
| 《形而上学论》 | 1686 年 |
| 《新系统及其说明》 | 1695 年 |
| 《人类理智新论》 | 1704 年 |
| 《神义论》 | 1710 年 |
| 《单子论》 | 1710 年 |

在很大程度上，可以把莱布尼茨的形而上学看作是如下各方面工作的综合：第一是关于逻辑学和语言学方面的工作；第二是关于物理学方面的工作；第三是有关生物学和心理学的思考。在本书中，我们将通过七个步骤陈述他的形而上学实体观。

1．所有命题都是或都可还原为主词—谓词形式（第 4 章）

2．真理就是包含在主词概念之中的谓词概念（第 4 章）

3．实体是不可分的（连续体问题）（第 5 章）

4．机械论要求假定一种活力存在（第 5 章）

5．空间和时间是相对的，并且不是绝对的（第 6 章）

6．连续性原则：自然从来不飞跃（第 7 章）

7．实体必定是自足的（第 7 章）

莱布尼茨思想中的这些不同因素（即他的语言观点、物理学观点、生理学观点和生物学观点）相互融合，形成一个卓越的形而上学体系，对此我们将在第 8 章和第 9 章再回过头来进行考察。

# 3

On Leibniz ———— 逻辑学：思想的符号系统

人类思想的符号系统观念包括两个观点：第一，所有概念要么是简单的，要么是复杂的；第二，复杂概念是由简单概念构成的。以此为前提，如果我们能够发现简单要素（词汇）以及能把各种简单要素连结起来的规则（句法），那么，我们就能理解人类思想的构成。用这种方法，我们也许有可能像用机器进行演算一样，对人类思想甚至对宇宙做出解释。莱布尼茨接受了霍布斯"所有推理都是计算"的理论。他希望发现一种能使所有推理都透明清晰的普遍语言。这种语言将是进行推理的有效工具，其功能类似于观察所用的显微镜。正是带着这样一些想法，莱布尼茨发明了他的计算机。也正是这些希望,推动了他在逻辑学方面的大部分工作,并且激发了他为找到从事百科全书计划的合作者而建立研究会的企图。

## 组合艺术

1666 年,莱布尼茨 20 岁时,写了《论组合艺术》(*Dissertation on the Art of Combination*)一书,以此他获得了在莱比锡大学讲授哲学的资格。这本书的内容是在命题中使用组合和变换组合的理论,这一理论成为构成所有命题的一个基本方法。莱布尼茨既提出了变换组合数学,又提出了组合数学。但他并不知道,这一理论在他之前已经有人提出来了。

然而,更为重要的是这一方法在人类思想中的应用。莱布尼茨假定,所有命题都有一个主词—谓词形式,他毕生坚持这一基本假定(参见第 4 章)。假如有四个简单概念用 3、6、7 和 9 来表示,那么,通过不同的排列组合,这四个数字可以构成许多二级概念:3.6、3.7、3.9、6.7、6.9、7.9。三级概念将由三位数代表的命题组成,比如 3.6.9 等等。用这种方法,我们可以通过类似乘法运算一样的组合原则把简单概念构造成复杂概念。例如,莱布尼茨把"区间是它所包括的全部空间"表述为"区间就是 2.3.10"。他把这种表述命题的方法与汉语作比较,在汉语中,观念的组合明显地表现出来。

莱布尼茨把这项工作看作是他迈向正在探寻的普遍体系的第一步。他相信，所有命题原则上都能用这种普遍形式表述出来，因为他认为所有命题都有主谓形式。比如，像"树叶是绿色的"这些命题，就有主谓形式，因为它们把性质（"是绿色的"）作为主词项（"树叶"）的一个谓语项。所有命题都具有主谓形式的说法需要一个条件，即：关系项、命题、时态和冠词都不代表基本项。下一步就是说明推理怎样能够起像算术一样的算法作用。

## 命 题 算 法

莱布尼茨喜欢圣奥古斯丁的这句格言：

○ 不要自以为你已经掌握了哲学真理，除非你能说明我们用1、2、3和4相加推导出10时所做的跳跃。（Brown, p.55）

要说明逻辑真理，人们就必须能够证明它。证明逻辑真理就在于用人们有时所称的"莱布尼茨法则"从某些定义和自明公理中把它推论出来。这一法则断定：相同的表达能够被替代。比如，"2+1"在任何公式中都可以用"3"来替代，"4"能用"3+1"

来替代。用这种方法，我们能够证明2+2=4。因为，通过替代，我们能够表明这一等式关系相当于"3+1=3+1"的关系。这正是应对圣奥古斯丁挑战的方法。

莱布尼茨把上述例证看作所有推理的一个简单模型。从原则上说，所有逻辑真理都能用一种类似形式来证明。例如，如果"人"这个词的定义是"理性的动物"，那么就能证明人是理性的，因为这一命题变成了"ab 是 a"（这里，"a"是"理性的"，"b"是"动物"）。莱布尼茨把这一思想推广到所有的命题，这一点我们将在下一章来阐释。用这种方法，人类思想的符号系统就能成为结束人类争端的逻辑证明的有效工具。一旦我们有了恰当的定义，不必注意所写东西的含义，我们就能进行逻辑运算。

莱布尼茨认识到这些思想只是大量研究计划的开始，而不仅仅是作为最后的哲学设想。首先，它需要说明怎样把语言理想化地描述为正好与所要求的主谓结构相适应。例如，在1678年所写的三篇论文中，莱布尼茨试图说明动词的词形变化、词性变化和名词、代词、形容词等静词的词形变化可以被忽略。他提议把大多数名词看作是限定"实在"或"主体"这些词的形容词，因此譬如"人"这一名词就是"人性的主词"。他也试图说明关系陈述怎样能从"理性语法"中排除出去。

其次，这一计划表明，人们需要一本定义词典，也许甚至需要一本包罗万象的百科全书，以便从所需要的原始概念中构造出语词来。莱布尼茨认识到单靠他自己一人难当此任,这在某种程度上成为他与学会或研究院的秘书们保持联系的缘故,同时也是为什么在后来的生活中他积极推动这些协会发展的原因。一直到1704年,他一直致力于这一计划:那一年,他的秘书完成了按字母顺序排列的词典,这个词典就是五张定义表。

最后,作为这项总计划的一个必要部分,莱布尼茨试图找到表示逻辑推理的数字方法。在从1679年到1690年所写的一系列论文中,他试图用数字项表示逻辑推理。在这些年中,他试验了几种不同的方法,试图把逻辑推演变成数字计算。

1679年,他写了三篇论文,其中包括《算法初步》(*Elements of a Calculus*)。在这篇论文中,他采纳了复杂概念的组成与乘法相类似的原则。那一年他撰写的另一篇论文用一对数字表示概念。如果动物概念用"+13,-5"来表示,"理性的"用"+8,-7"表示,那么"人"将是这些数字的积,那就是"+104,-35"。通过这种方法,所有可能的思想都能通过简单概念的组合而被精确地表述出来。

莱布尼茨这些年的努力,在他1690年完成的《真实加法的计算法研究》(*A Study in the Calculus of Real Addition*)一文中达到了顶峰。在这篇文章中,莱布尼茨说明概念A和概念B的组合不能用AB来表示,只能用A⊕B来表示(Parkison, p.13,1966)。这个新符号表明⊕不同于+。例如,"A⊕A=A"是这个体系的一个公理。而"A⊕B=L"则意味着L由B和

A 组成。比如人这个概念是由"理性的"和"动物"两个概念组成的。它的意思是说概念 A 包含在概念 L 中。

可以把这项工作看作是莱布尼茨建立纯形式演绎系统的一个尝试，这个演绎系统类似于布尔（1815—1864 年）指出的那种体系。在论文中，莱布尼茨从各种各样的定义和公理中推演出 24 个命题。比如，命题 4 指明：如果 A=B 并且 B ≠ C，那么 A ≠ C。命题 5 指明：如果 A 在 B 中，并且假设 A=C，那么 C 就在 B 中。命题 15 断言：如果 A 在 B 中，并且 B 在 C 中，那么 A 也就在 C 中。命题 20 又指出：如果 A 在 M 中并且 B 在 N 中，那么 A ⊕ B 就将在 M ⊕ N 中。

## 说明

这是纯形式演算的最早尝试。莱布尼茨认识到由于方程式和符号具有抽象性，因此能够对它们做出不同的解释和说明。他说：

○ 因此，整个综合和分析都依赖于这里所拟定的这些原则。（Parkison, p.142）

比如，表示组合的符号可以给出一个内涵解释和一个外延说明。A ⊕ B=L 的一个外延解释意指：A ⊕ B 这一级包括 L

这一级的所有成分。之所以说它是外延的,是因为它涉及到相关项的伸延部分或范围。比如,"理性的⊕动物"这一级包括了"人"这一级。所以在这种解释下,我们会说动物这一级包括人这一级,或者说 A 包括 L。截然不同的是,根据内涵的解释,A ⊕ B=L 则意指 L 概念包括 A ⊕ B 概念。之所以说它是内涵的,是因为它涉及内容或概念。凭借这种解释,我们会说人的概念包括动物的概念,或者说 L 包括 A。可见,代表组合的符号既受 A 包括 L 这一解释的约束,同时也受另一解释 L 包括 A 的约束。

莱布尼茨意识到了命题的内涵和外延之间的不同,并且通常以断言一个命题就是说一个概念包括在另一个概念之中为理由,赞同命题的内涵解释。这种观点意味着,即使没有独角兽,像"所有独角兽都有角"这样的命题也可能是正确的。这一观点后来成为一个十分重要的观点。

## 二进位制数学

在巴黎那段时间(1672—1676 年),莱布尼茨做出了他最重要的数学发现,其中包括微分学和积分学。关于这一点,我们回头在第 5 章的附录中再讨论。同时,他还论证了二进位制算法。二进位制算法是仅仅基于 0 和 1 这两个数字而建立起来的数字系统。在二进位制系统中,"2"被写作"10","4"被写作"100"。当然,莱布尼茨并没有认识到这个系统会成为现代计算机的基础。不过,他曾考虑用二进制数字表达逻辑演算方法的思想(这些生成的数字可能会相当复杂)。大约在1680年,他还草拟了一个用二进位制数字进行计算的计算器设计方案,当然,这种计算器需要很多轮子,由于这个原因,他放弃了这一方案。莱布尼茨的这些工作已经非常接近于计算机的发明。

莱布尼茨一生中从未发表过任何有关逻辑学方面的论文或专著,然而在20世纪,他却被人们看作是逻辑学的创始人之一。例如,是他最早发现了表示逻辑关系的图表,这些图表后来一般被人们称为欧勒图表或文恩图表。他还像其同时代其他人那样,对相等或符号"="做出了解释和说明。更为突出的是,他还提出一个抽象的逻辑演算法,并且由于这一点,我们称他为第一个符号逻辑学家。

总之,莱布尼茨关于人类思想符号系统的计划导致他提出一些与正式逻辑体系几乎完全相同的理论观点。同时,这一计划也导致他获得了作为概念蕴含的真理论及其关于实体个体化的理论。

# 4 真理和实体

On Leibniz

**在**关于逻辑学著作的写作过程中，莱布尼茨提出一个命题理论，这一理论由两个部分组成：一部分是真理的定义，另一部分是主张命题的主谓形式是基础。既然莱布尼茨把真命题界定为一个在其中主词概念包含谓词概念这样的命题，真理定义就需要这样一个理论：所有命题都可以还原为主谓形式。如果有些命题不能还原为这种形式，那么莱布尼茨的真理定义就不适用于它们。

## 主谓形式

莱布尼茨断言命题的主谓形式是基础。

换句话说，所有其他类型的命题都可以还原为这种形式。在一个主谓形式的命题中，主词的一个属性被证实或者被否定，比如"水是湿的"。在这个例子中，主项是"水"，而其谓项则是"是湿的"。

很显然，并不是所有命题都具有这种语法形式。例如，假言命题，诸如"如果今天是星期五，我们就应该去银行"之类的命题，就不具有这种形式。关系命题也不具有这种语法形式，例如"树木朝向灌木丛的左边"。然而，莱布尼茨却声称这些其他类型的命题也可以还原为具有主谓形式的命题。例如，假言命题"如果有一个事物是人，那么它就是动物"，就具有"如果 P，那么 q"这种形式。然而，它们却能被还原为这种主谓形式，例如："人的概念包含了是动物的概念。"

关于语言的这一论点具有重要含义。主谓形式命题对应的形而上学理论是实体及其属性。如果主谓形式命题是基础，那么，实在就能够全部用这种命题形式描述出来。这意味着实在从根本上说只是由实体及其属性组成的。最后这一观点的意思是说：实体之间的时空关系并不是宇宙中的附加项，这在后面我们将要看到。

## 真理的本性

莱布尼茨命题理论的第二部分是对真理的分析。什么东西使得命题成为正确的？根据莱布尼茨的哲学，当且仅当命题的谓词概念包含在主词概念之中时，命题才是正确的。例如，在"没有头发的人是秃头"这个命题中，主词概念（"没有头发的人"）非常明显地包含谓词概念（"是秃头"）。可见，在这里，一个理论的成立需要以另一个理论的成立为前提。

根据莱布尼茨的哲学，在所有真命题中，主词概念都包含谓词概念，甚至在这种需要根本不明显的时候也是如此。所以，例如，"华盛顿是美国第一任总统"这一命题是正确的，因为华盛顿这个概念包含或者逻辑上必然包含谓词概念（即"是第一任总统"），尽管这一包含不那么明显。

这种根据概念蕴含所做的真理分析导致这样一个结论：所有真命题都是分析的。莱布尼茨不赞同那种认为许多真命题都不是分析的主张，他通过区别三种不同的分析命题来为他对真理的分析做辩护。

1）像"一个男子是一个男子"这类命题，就是不证自明的分析命题，它是"A 是 A"这种形式的同一性陈述，没有直接的自相矛盾就不能否定它。

2）其他像"没有头发的人是秃头"、"我的兄弟是男人"和"一个三角形有三条边"这样一些命题，通过有限的分析过程，就能证明它们是一些恒等陈述，与"A 是 A"这种形式是同一的。例如，对三角形的概念分析告诉我们：根据定义，三角形就是一个具有三条边的二维图形。因此，通过有限的分析过程，"一个三角形有三条边"这一命题就能被证明为是一个恒等陈述。这一命题具有"A 是 A"的形式。只要准确地理解三角形的概念，不证自明的便是"三角形有三条边"这个命题是一个恒等陈述，并因此是一个分析陈述。

3）其他如"尤利乌斯·恺撒死于公元前 44 年"这些真命题似乎不是一些恒等陈述。它们似乎不是这样的陈述，但这仅仅是因为我们不知道如何对它们做无限的分析。莱布尼茨认为，这样一些命题确实是恒等陈述，并且认为如果尤利乌斯·恺撒概念被准确理解，那么"尤利乌斯·恺撒死于公元前 44 年"这一命题就是不证自明的。它之所以不表现为恒等陈述，是因为我们不能完成尤利乌斯·恺撒这个概念的无限分析，这种无限分析只有上帝才知道。

概括地说，莱布尼茨认为，在所有真命题中，主词都包含谓词。对真理的这种分析意味着，所有的真命题都是恒等陈述，而且都是分析命题。莱布尼茨通过说明我们应该区分两类命题来为自己的这些观点辩护，这两类命题是：像"三角形有三条边"这类命题，是明确的分析命题，而像"恺撒死于公元前 44 年"这类命题，则是隐含的分析命题。

## 充足理由律

充足理由律是真理论自然引出的一个结果。这一原则断言，每个事实都必定有为什么这样而不那样的充足理由。每个事物的存在都必定有其原因，"原因"就意味着充足理由。

充足理由律随着真理的定义而产生。这是因为陈述任何命题为真的理由就在于给出那个命题的先验证明；所有命题都有其先验证明，这就是我们说任何事件的发生都有其原因的含义所在。命题的先验证明必定存在于探求主词与其谓词之间的逻辑关系之中。因此，根据他对真理的定义，所有命题都有其先验证明，因而充足理由律是真的。

## 原初概念

莱布尼茨的人类思想符号系统计划与他的真理论是密切相关的。他把由原初概念构成复杂概念的方法与通过字母组合构成词的方法相比较。例如，"单身汉"这个概念就是"男人"和"没有结婚的"这两个概念的组合；"男人"这个概念是"男性的"和"人"这两个概念的组合，如此等等。尽管我们没有认识到它，但是，通常我们的概念仅仅是原初概念的组合而已。

"尤利乌斯·恺撒"这个概念就是这种组合概念。这是我们为何没有认识到"恺撒死于公元前44年"这一命题实际上是一个恒等陈述的原因。"恺撒"这个概念已经包含谓词"死于公元前44年"，因为所有构成"尤利乌斯·恺撒"概念的原初概念都包括那些构成谓词的原初概念。事实上，完整的"尤利乌斯·恺撒"概念就是能用"ABCDE……"这一连串字母代替的简单概念的组合。当我们说恺撒死于特定的一天,我们就是在谈某个东西已被包括进这个简单概念序列,并且能被表述为"ABCDE……是A"这样一种形式。

莱布尼茨为自己提出的"所有命题实际上都是等同的"这一理论提供了何种论证呢?他认为,完整的"恺撒"概念必定包含凯撒这个人所有真实的谓词,因为个别的实体仅仅通过它的所有属性就能完全个性化。换言之,莱布尼茨认为,他的真理论是实体的本质所必然要求的。

## 实体的同一性

莱布尼茨把实体规定为主词,许多谓词都可归属于这一主词,但是这一主词自身却不能成为任何其他主词的谓词。比如,个体灵魂是一个实体,并且这还意味着这个灵魂是各种属性的主词,但它自己并不是任何其他主词的属性或特征。再比如,红色不是一个实体,因为它是红色事物的属性或特征。

根据莱布尼茨的哲学,每个个体实体的概念都是完全确定的。完全的个体实体概念包括关于这一实体的每个事实,直到其最微小的细节。从关于任何实体的完全的概念中,都可能推论出那个实体所具有的全部属性。

每个谓词都必定包含在主词中，因为不这样的话，我们就不能把某个个体与其他所有可能的个体区别开来。例如，假使有许多能被人们叫作"亚当"的可能的个体，那么，谁会是过着与亚当本人几乎相同的生活的人呢？莱布尼茨把这些可能的个体称为"几个可供替代的可能的亚当"。如果亚当确实存在，那么，根据莱布尼茨的哲学，能够满足于把他描述为绝对独一无二的个体，并且区别于其他所有可能的个体的唯一描述就是：详细说明亚当这个完全的概念，即他的所有谓词的全部总和。

因此，"每个谓词都必定包含在主词之中"这一论点就被置于莱布尼茨关于"存在能够使实体个性化的东西"这一观点之上。通过它的全部谓词，我们就可以界定一个实体，并把它与其他所有可能的实体区别开来。如果在这些谓词中有任何一个是不同的，那么，这个实体就会是一个不同的实体。换句话说，"个体实体的所有属性都是必要的属性"这一论点要求"每个谓词都包含在主词之中"这个论点成立。

这些论点要求在"这个恺撒"概念和"一个恺撒"概念之间作区分。为了获得"这个恺撒"概念，就有必要拥有关于他的全部知识和他生活的每个细节，因此，只有上帝才能获得这个概念。有限的精神，像我们大家一样，只能获得任何像恺撒这样的个体部分的和不完全的概念。因此，我们不能明白：像"恺撒死于公元前44年"这样的真命题确实是同一的，或者确实具有"A是A"这样的形式。这样，只有上帝才能理解尤利乌斯·恺撒概念包含并且必然对这个人来说都正确的一切谓词。

总之，莱布尼茨认为，每个实体都必定有一个完全的概念。因为实体概念是完全的，所以任何正确说出的关于那个实体的东西都必定包含在那个实体的概念中。他认为一个实体的完全的概念对确定那个个体实体并把该个体实体与其他所有可能的个体实体区别开来，不仅必要，而且具有充足的理由。由于一个实体的完全的概念对于把它与其他所有可能的个体实体区别开来既必要又充足，所以，就根本不会有两个个体分享一个完全相同的概念。这也就是说，根本没有两个个体会完全相同，这个结果被称为"不可分辨的同一性原则"，它是从每个实体必定有一个完全的概念这一理论中推演出来的。

## 不可分辨的同一性

"不可分辨的同一性原则"指出，用数字表示的不同个体必定具有性质上的不同。既然不会有两个实体具有完全相同的概念，也就不会有两个完全相同的实体。很清楚，这条原则依据推定表达了一个必然真理：假定可能存在两个性质相同的个体是自相矛盾的。的确，不可分辨的同一性必定是一个必然真理，因为它是从每个实体都必定有一个完全的概念这个论断中推论出来的，而这个论断就是一个必然真理。

然而，在给克拉克的第五封信中，莱布尼茨却提出，不可分辨的同一性原则是偶然的。在这封信中，他说，不存在两个完全相同的个体的设定没有绝对必然性，相反，这一设定与上帝的意志是相矛盾的。我们能够确定不可分辨的同一性，因为一切事物都必定有其充足理由，而且上帝没有充足的理由创造两个相同的个体。例如，假设有两个性质相同的个体存在物 A 和 B，上帝用 A 填充一个空间，用 B 填充另一个空间。为反驳克拉克，莱布尼茨论证说，在这种情况下，哪个物体填充哪个空间将是任意的，或者说没有理由。既然一切事物都必定有其理由，那么就不会存在两个这样的物体。从这点来看，不可分辨的同一性原则是充足理由律的必然要求。这是莱布尼茨空间学说的一个重要结论。

有时，莱布尼茨还求助于经验主义的理论：人们总是能够发现两个个体之间性质上的不同，不管它们起初看上去多么相像。但是，这一点又一次表明：不可分辨的同一性原则是偶然的。

不可分辨的同一性原则正确吗？有可能存在两个具有相同属性的个体吗？如果我们用空间和时间关系去测量实体的属性，如果我们假设两个东西在同一时间不会在同一个地方，那么，从理论上说这一原则是正确的。假设我们有两桌台球，它们在形状、大小、颜色和质地方面完全相似。既然在同一时间它们不会占据相同的空间位置，那么，它们就必定有不同的时空关系或时空位置。如果我们把这些关系和位置包括在它们各自的属性中，那么，这两个对象，就不会是不可分辨的。

然而，莱布尼茨却不把空间对象看作实体。他声称，所有关系都能被还原为性质上的谓词或者内在名称。这些论点我们在后边再回过头来谈。由于这些原因，他不能把空间和时间关系包括在实体的属性中。因而，莱布尼茨断言，两个实体不会仅仅在时空关系和时空位置方面不同。如果它们以某种方式不同，那这必定是因为它们在自己的内在属性方面不同。

## 必然真理和偶然真理

真理的定义似乎意味着所有真理都是必然的。实体概念包含着它的所有谓词，因此，否认实体包含任何一个谓词却是矛盾的。例如，否认夏娃吃苹果就是个矛盾，这样，似乎所有真理都是必然的，没有一个真理是偶然的。

然而，莱布尼茨确实区分了必然真理和偶然真理。他在《形而上学论》一书第13节中论述了这一问题。其中的真理论说明了谓词确实包含在主词之中，但这并不意味着这个主词在实际上存在。所以，虽然否认夏娃吃苹果是个矛盾，但是，我们也能没有矛盾地否认夏娃曾经存在过。那些断定了现实存在的命题是偶然的，或者只是被假定为必然的，而不是绝对必然的。

这一理论的一个例外是"上帝存在"这个命题,这个命题不是偶然的,而是绝对必然的。

我们也能像下面这样来解释这一问题。实际存在的世界只是许多可能世界中的一个。可能世界被那些偶然的事实个体化了:如果任一偶然事实不同,那么我们就将居住在一个不同的可能世界中。然而,在所有可能世界中,逻辑上的必然真理却是真的。例如,命题"2+2 = 4"是一个必然命题,这也就是说,在所有可能世界中,它都是真的。上帝从所有可能世界中自由地挑选出一个世界,并使它成为实际存在的世界,这个选择就是莱布尼茨体系中偶然性的根源。他称之为"偶然性原则或事物存在原则"。上帝选择了什么事物应该存在。

根据主词概念包含谓词概念这一真理定义,像"夏娃吃苹果"这样的命题就可还原为相同的命题。由于这一原因,这些命题成为必然真理,并且在所有可能世界中都是真的。这个理论要求对单称命题,如"夏娃吃苹果"做专门分析。通常,我们认为单称命题含有断定存在的意思,这就是我们所说的:除非实际存在夏娃这个人,并且事实上吃过苹果,"夏娃吃苹果"这个命题才是真的。然而,莱布尼茨却认为,这些单称命题没有断定存在的含义:它们的真实性不依赖于个体的存在。即使夏娃从未存在过,这个命题也是真的。从这点来看,它与诸如"所有独角兽都是动物"或"所有三角形都有三条边"这些命题很相似。这些陈述仅仅说明:一些概念包括另一些概念,因此，它们的真实性不依赖于个体的存在。即使实际上根本不存在三角形或独角兽，这些命题也是真的。

概括地说,单称命题（如"夏娃吃苹果"）和全称命题（如"所有三角形都有三条边"）都是必然真理，但它们却根本没有断定存在的意思。它们的真实性并不依赖于个体的存在。另一方面，任何个体的存在，如三角形、夏娃、亚当，都是偶然事实，并且都依赖于上帝的自由选择。

任何个体实体的内在属性都是逻辑上必然确定的，尽管个体实体是否存在仍是一个偶然事实。一个例外就是上帝必然存在。简而言之，莱布尼茨认为，所有存在命题，除了那些断言上帝存在的命题以外，都是偶然的，甚至可以说，只有存在命题才是偶然的。

## 含义

莱布尼茨对必然真理和偶然真理的区分对充足理由律具有十分重要的扩展作用。正如我们已经提到的，这一原则指出，每个事物都必定有其原因或充足理由。这与要求每个命题都应该有一个先天的证明是相当的。然而，偶然命题和必然命题的论证是不同的。

必然命题是那些其否定是一个矛盾的命题，或者正如莱布尼茨所指出的，其反面蕴含着矛盾命题。这些命题在所有可能世界中都是真的。它们或者是明确地可分析的，如"每个圆都是圆"，或者通过有限的分析过程，它们能够被还原为明确的分析命题。分析就是把任何复杂观念分解为各个组成部分。最终，这些组成部分将是一些简单观念或初级概念，即"人类思想的字母"。总之，所有必然真理都必须可证明为先天的，因为它们或者是明确地可分析的，或者能通过有限的分析过程成为明确地可分析的。

然而，偶然的存在命题先验地是可证明的，但是，在这种情况下，这种证明将是一个无限的过程。必然命题和偶然命题的重大区别是：具有偶然性的存在命题的先验证明是一个无限过程，并且关涉到对上帝的自由意志的参照。这是因为世界的偶然性是由上帝的自由意志所引起的，因为上帝选择了什么东西存在。

为什么对任何偶然命题的证明都是无限地长？莱布尼茨指出，我们能够先验地知道上帝存在，并且知道上帝选择了所有可能世界中最好的一个。这样，我们就会先验地知道现实世界是所有可能世界中最好的世界。这意味着，要表明任何偶然的事实都有充足理由，我们就得证明这个事实是所有可能世界中最好的世界的一部分。换句话说，要证明任何偶然的事实，就涉及要说明这种事实是如何成为构成所有可能世界中最好的世界的因果链的一部分的。这是一个无限长的证明。

给定自然规律，任何偶然的存在事实都能从宇宙的早期状态推演出来。既然我们先验地知道上帝选择了所有可能世界中最好的世界，那么，他选择的自然法则就是最好的。例如，这些法则将是用最少的努力实现最丰富的形式变化（参见第9章）。用这种方法，最佳原则能给我们提供一些有限的关于世界的先验知识。然而，对任何偶然事实的完整的和无限的证明只有上帝知道，因为它涉及对可能世界的无限性的比较。由于这个原因，莱布尼茨把偶然事实比作是对无理数的解析，如$\sqrt{2}$，这是一个无限小数；而把必然命题比作一个能被分解为有限数量的质因数的整数。因为偶然命题的先天证明是个无限长的过程，所以人类必须凭经验后天地获知这些事实。

## 关　　系

让我们重新回到莱布尼茨命题理论的第一部分：所有命题都能被还原为主谓形式。在最重要的命题中，不具有主谓形式的是关系命题，比如"耶稣是玛丽亚的儿子"，或"A比B长"。这种类型的命题似乎有两个主词，并且它们还表明存在这样一个复杂的事实，即：这两个主词之间有某种关系。关系命题并未断言属性属于实体，但是，根据莱布尼茨的哲学，它们必定可以还原为这样的断言。

在写给克拉克的第五封信中，莱布尼茨提出了理解两条线段 L 和 M 长度之间关系的三种方式：

 a）作为 L 与 M 之比；

 b）作为 M 与 L 之比；

 c）作为从两条线中抽象出来的 L 与 M 之间的比率。

  莱布尼茨认为最后这种考虑关系的方式是错误的。我们不能说 L 和 M 都是这种关系的主体。例如，如果 L 是 M 的两倍长，我们就不能说 L 和 M 都是二比一这种比例的主体。以这种方式所考虑的比例和关系是一种"纯粹虚构的事物"或者是"推想出来的存在物"。这意味着，二比一的比例不是一个实在的事物，相反，它是一种精神构造物，它的根据存在于实体的非关系属性中。

  莱布尼茨断言："没有纯粹外在的名称。"这意味着，关系可还原为实体的属性，并且当关系句表示的命题为真时，它是凭一些主谓形式命题的真理性的优点为真。换句话说，关系命题能被还原为纯粹主谓形式命题。如果我们说 A 具有到 B 的关系 R，那么，通过断定 A 有某些属性和 B 有某些属性，我们就可以确认相同的东西。帕金森称这个理论为莱布尼茨关于关系的弱命题。(Parkinson，1985)

  莱布尼茨还对关系性质的强命题作了论证：如果实体 A 具有到 B 的关系 R，那么，这一命题就能被还原为只是关于 A 的主谓形式的命题，或只是关于 B 的主谓形式的命题。这个强命题对单子论很重要，这一点我们将在第 8 章再予以考察。

为了正确评价莱布尼茨对关系的还原论分析，我们必须区分对称关系和非对称关系。"与……相似"表示对称关系，因为如果 A 与 B 相似，那么 B 与 A 也相似。莱布尼茨坚持认为，命题"A 与 B 相似"可以还原为两个主谓形式命题："A 现在具有 F 属性"和"B 现在具有 F 属性"。关于非对称关系，莱布尼茨认为，命题"帕里斯是海伦的情人"可以还原为"帕里斯在爱着，并且正是因为这个事实，海伦被爱着"这样的命题。

# 5

On Leibniz ——————— **物理学迷宫**

**17**世纪是物理学研究领域非常令人激动和振奋的时期。这时的物理学还是一门方兴未艾的新科学。在那个世纪初，人们还倾向于用迷信术语来解释自然的变化。物体的典型特征常常被解释为它们的内在倾向的表现。例如，降落是用土构成的东西的内在本质，上升是用火构成的东西的内在本质。一切事物都是由土、水、气和火四种元素中至少一种元素构成的。

17世纪期间，这种中世纪物质观逐渐被机械论观点所取代。根据机械论观点，只有一种物质存在，所有物理现象（譬如颜色）都能根据这种物质而得到解释。此外，新物理学还展示出这种希望：根据少数几个机械学和可用数学表示的法则,所有物理变化都能得到解释。

莱布尼茨是17世纪后期一位重要的理论物理学家,他在物理学哲学方面的重要成就是:

1)反驳笛卡尔物理学。
2)反驳原子论和牛顿的引力论。
3)他自己关于力和物质的实证理论。
4)他对微积分学的研究。
5)时空理论,与牛顿的时空观针锋相对。

莱布尼茨对他那个时代两个重要的物理学理论都进行了反驳,这两个理论就是笛卡尔的物理学理论和牛顿的物理学理论(上面1和2)。他向笛卡尔的物质观提出了挑战,同时充分列举了反对原子论物质观的种种理由。他用自己的理论取代前者(上面3),这是他通向自己的形而上学哲学的关键。这三个方面的讨论将是本章的核心内容。他在微积分方面所做的工作,即上面列表中的第4条,将在本章附录中进行讨论。时空理论,即上面的第5条,将是下一章讨论的主题。

## 反驳笛卡尔

笛卡尔的物理学理论统治欧洲一直到1680年左右。17世纪30年代,笛卡尔不仅明确表达了近代科学的许多基本原则,而且他还拟定了一个可行的物理学发展纲要。这个纲要建立在他的如下观念之上：所有物质的属性都是几何学的。笛卡尔试图说明，所有纯粹的物理变化如何能仅仅根据物体的空间属性（形状、大小、位置和运动）而从机械学上加以解释。他认为，物质的本质是空间的广延性，并且物体的所有属性都是空间广延性的样态。

与笛卡尔不同，莱布尼茨认为，广延性不能构成物体的唯一本质。物质必定具有一些非几何学属性。它不会仅仅由具有广延性的事物组成，因为一定要有某些事物被广延，或者同时地和连续不断地被再现。根据莱布尼茨的哲学，物质的非几何学属性，通过连续再现而把空间填满，这就是阻力。换句话说，鉴于笛卡尔认为广延性是物质的根本属性，莱布尼茨主张一种相反的观点：物质的本质在于阻力而不是空间广延性，并且广延性本身是由于阻力连续再现而产生的。

其次，根据笛卡尔哲学，空间的广延性是单纯的或不可分析的，而莱布尼茨则认为，依据重复、连续性和共存，广延性是可分析的。空间的广延性由共存的事物的连续再现所组成。由于这个原因，广延性不能构成物质的本质。

在1698年所写的《论自然本身》(On Nature Itself) 一文中，莱布尼茨指出，笛卡尔的本体论否定了事物的变化。笛卡尔把物质解释为广延性，意味着宇宙是由一种完全相同的物质所构成的。在这种同质性假设下，把物质的一部分与另一部分区别开来就没有任何意义了。这样，运动观念也就成为不可能的了。人们无法断定物质的特定部分是否移动过，因为没有任何东西能把它们与任何其他部分区别开来。此外，笛卡尔的物质观也妨碍他系统正确地表述运动守恒原则，正如我们现在将看到的一样。

## 动力学

1686 年，莱布尼茨发表了一篇重要文章：《对可敬的笛卡尔所犯错误的简要证明》(*Brevis Demonstratio Erroris Memorabilis Cartesii*)。在这篇文章中，莱布尼茨指出，笛卡尔的运动守恒原则是错误的。这一点引导莱布尼茨对许多物理学概念作了重要区分。首先，笛卡尔没有区分运动和速度。速度是对给定时间内和给定方向上物体覆盖的距离的测量。速度是完全定向的；运动则不是。

其次，笛卡尔的运动守恒原则忽视了质量概念。由此，它不能"把小的物体的快速运动与大的物体的缓慢运动联系起来"（Ross, p.38）。如果笛卡尔的主张是正确的，那么，随之产生的结论是：

> 凭借联系，最小的物体能把自己的速度赋予最大的物体，而不减缓自己的任何速度。（序论，21）

因此，笛卡尔的运动规则"违背了原因和结果的相等"。莱布尼茨认为原因和结果必定相等，并且认为笛卡尔的运动规则同这种相等相矛盾。

这可以使我们得出这样的结论：莱布尼茨认为，动量，或者速度乘以质量，是守恒的，而笛卡尔粗糙的运动概念则是不守恒的。然而，从 1678 年开始，莱布尼茨却认为，实际守恒的是一种活力或能量，他称之为活力，并且认为这种活力与质量乘以速度的平方（$mv^2$）是完全相同的。这是因为落体的速度与它行进距离的平方是成正比的。换句话说，落体行进的距离与它的速度的平方是成正比的。因此，在两个物体的碰撞中，正是活力才是守恒的。对莱布尼茨来说，活力概念是至关重要的。的确，他设想出一门关于力或者动力的科学，以之取代了牛顿的运动学，即关于运动的科学。

## 引力和物质

尽管到 17 世纪 60 年代笛卡尔的物理学被人们广泛接受，它在整个欧洲的大学里被讲授，然而，1687 年牛顿的《自然哲学的数学原理》（Mathematical Principle of Nature Philosophy）一书的出版还是意味着，由于牛顿力学体系的内容更加广泛，笛卡尔的物理学逐渐被取代。

机械论自然观的一个基本观点是，物理实体的所有变化必定能通过某种物理机制传递到另一物理实体之中。然而，牛顿的引力理论显然与这一观念相冲突，因为牛顿把引力解释为一定距离内的真实活动。根据这一观点，无须某种媒介机制，一个物体也能影响其他远距离的物体。

莱布尼茨认为，所有物理变化都能得到机械地解释。他反对牛顿的引力概念，称它为一种"神奇的力"。此外，牛顿还把引力看作是与物体及其运动相脱离的存在物，莱布尼茨认为牛顿没有权力这样做。换句话说，牛顿把质量和速度看作是真实存在的，并且根据它们来定义"力"。因而，在牛顿的体系中，力就是质量和速度，除此之外，它什么也不是。所以，在牛顿的体系中，力不能解释速度的变化，也不能被看作是某种独立的东西。

1689年，莱布尼茨发表了《论天体运动的原因》（*Essay Concerning the Causes of the Motions of the Heavenly Bodies*）一文。在文章中，他试图对行星的运动做出解释和说明：行星的运动是完全机械的，也就是说，无须依赖这种超自然的引力。他写道：行星以相同的方向和接近相同的平面运转。他试图根据太阳周围流体的速度或循环详细解释行星的运动，行星运动的速度与其中心（即太阳）的距离成反比。由于考虑到通过流体起作用的太阳的离心力和引力，莱布尼茨也试图把涡流与牛顿的数学调和起来。

## 原子

根据莱布尼茨的哲学，原子论者的理论不能解释内聚力或者原子的聚集怎样构成一个单一物体。只要原子存在，原子论者就不能求助于特殊的内聚力来解释原子如何聚合。在某种程度上,内聚力观念并不比引力论好。

有些思想家对这种现象的解释是,原子有一些类似于钩子和小孔之类的东西把它们结合在一起。然而,这种说明只是重复了这一难题,并没有解决这一难题。如果原子有不同的部分,那么就必须有关于这些部分怎样聚集在一起的解释。很显然,这种结论只能产生更多的问题。此外,如果原子有不同的形状,那么它们就有可区分的部分,因而它们也就不再是真正的原子了。这一观点假定了原子必定是内在地不可分的,对莱布尼茨来说,这是一个非常重要的观点,对此我们在后面回过头再谈。

莱布尼茨反对关于物理原子的这一概念,因为所有物质都是无限可分的。不可分的原子一定是一个完全坚固的物体,这类物体没有弹性。因此,在任何碰撞中它们都会立即改变方向。根据莱布尼茨的观点,这会违背连续性原则。根本不会有瞬间的反作用,因为真实的碰撞总是需要时间的。受影响的物体总有大小,而且它们既不是无限的硬,也没有弹性。因此,第一个物体慢慢地挤压第二个物体,而且当第二个物体速度加快时第一个物体已经慢下来。这就是力得以传递的机制。

莱布尼茨对牛顿物理学提出的一个批评是:牛顿认为粒子好像是不仅无限的坚硬,而且具有无限的弹性,能够在瞬间传递力。他还认为,粒子好像仅仅占据着一个点的位置,即没有大小。此外,牛顿还通过在一定距离内活动的力把粒子结合起来。简言之，牛顿的物理学被理想化了，它不符合这个实在的物理世界。（牛顿意识到了这些问题，但是他认为，为了从数学上描述实在，这些抽象是必不可少的。）

## 新 选 择

我们已经看到，莱布尼茨反对笛卡尔关于物质的本质是广延的观点。在莱布尼茨看来，必定有某些东西是广延的，即某些东西是具有质量的。另一方面，莱布尼茨也反对另一种主张：物质就是空间中不可分的原子。

莱布尼茨的观点是什么？它分为两个部分。第一，在1695年发表的《力学范本》（*Specimen Dynamicum*）一文中，他提出一种力的本体论。用这种理论，他反驳了物质是惯性的设想。第二，他试图解决连续性问题。

### 力的理论

莱布尼茨认为存在两种基本的力：被动的力和能动的力。能动的力与运动和加速度有关，而被动的力则与事物的阻力有关，例如不可入性。

被动的力或者阻力构成空间物体的广延。换句话说，广延是物体中阻碍其他物体的力。这个理论抛弃了传统的物质概念,即:认为物质除了作为力的被动载体以外什么也不是。这种物质观念讲不通,它唯一的作用就是满足这一设想,即认为力必定附着于某种东西。莱布尼茨的结论是,原初物质仅仅是阻碍其他物体的能力。用现代术语来讲,人们可以说他把物质还原为纯粹的能量。

莱布尼茨的观点是,物质的东西就在于能动的力和被动的力这两种原始力的结合。在《论自然本身》(*On Nature ltself*)(1698)一文中,他写道:

> 事物的实体就是一种力,它能使活动发动起来并能承受活动的作用。(Loemker, p.502)

此外,莱布尼茨还认为,作为形式和物质的力是相互关联的:形式是能动的力,而物质是被动的阻力。从这点来看,他恢复了亚里士多德关于区分形式和质料的思想,并且列举了种种理由赞成这种物质观念,把物质微粒看作力的场或像点一样的能量粒子。

莱布尼茨认为,当两个物体相互作用时,组成物体的原初的力引起派生的力。这些派生的力就是我们在物体碰撞或物理相互作用中所测量到的力,它们是物理学所研究的主题。这些派生的力是对原初的力所做的修正或限制。

因为莱布尼茨对待自然的方法是机械论的,所以,物理现象的基本相互作用就是两个"粒子"的碰撞。这不仅适用于两个分离的自然物体之间的相互作用，如两个台球之间的相互作用，而且也适用于碰撞后球自身内部各部分以及各部分内部更小的部分之间的相互作用。换句话说，正像一个台球能够推动另一个台球移动一样，两个球的所有组成部分也是如此。问题是各个部分之间的这种推压过程适用于越来越小的部分，直至无限小的部分。不管物质粒子多么小，都根本不会存在力的直接传递。这种传递同样会反对牛顿的神秘的引力概念。由于存在这种无限的进入，莱布尼茨做出结论说：严格说来，力根本不能传递。他通过断言所有活动都是自发的表达了这一观点。

## 连续体的迷宫

莱布尼茨代替笛卡尔和牛顿物理学的第二部分是对连续体问题的解决。莱布尼茨杜撰了"连续体构成的迷宫"这一短语，用来指世界上的事物是如何从连续体中产生出来的问题。空间中的任何事物都是无限可分的，因为空间不是由分离的单元所组成的，而是一个连续体。

正如我们已经看到的那样，笛卡尔把物质看作是与空间广延相同的东西。因此，对他来说，物质在本质上是连续的。然而，若不求助于质量概念，这种观点就解释不了一个无限连续的空间质料点如何能表明自己是固体、液体和气体。笛卡尔试图以如下假定来回答这一问题：因为粒子具有不同的运动，因而具有三种不同的微粒。然而，莱布尼茨却反对除了空间本身外还有什么东西在运动。笛卡尔很重视连续性思想，然而他却解释不了物质的东西是如何构成的问题。另一方面，原子论者认为原子单元的理论很重要，却不能解释这种东西如何存在于一个连续体中。真正的原子应该是不可分割的，但是，莱布尼茨却认为，存在于空间的任何东西都是无限可分的。

看来，这种解决问题的方案认为，唯一真正的原子是数学上没有维度的点。的确，莱布尼茨对这一问题的解决方案就是断言：物质是由连续运动的没有维度的力点所组成的。他认为，三维物体的每一部分都是由连续运动着的无限多的力点所组成的。

然而，这种断言本身不能解释物质客体怎样存在的问题，因为这类原子没有维度。三维的物质性事物如何能够从没有维度的力点中产生出来呢？莱布尼茨对这个问题的回答非常简单。他认为，物质和空间是派生的存在。我们可以用这样一句话来明确地表示这一观点，即：对于莱布尼茨来说，空间和物质客体只不过是表象；实在是由无限的没有维度的力点或单子构成的。

在1686年或1687年给阿诺尔德（Arnauld）的信中，莱布尼茨指出：物质不可能是一个实体。所有实体必定是简单的和不可分的。作为聚集体的事物依赖于组成它们的各部分的实在性，并且由于这种依赖性，任何实体都不可能是一个聚合体。然而，正如空间中的任何事物都是无限可分的一样，具有广延性的事物根本不可能是一个实体。在被创造的世界中，唯一的实体是单子。我们将在第 8 章中探讨莱布尼茨的单子论。

此外，正如我们已经看到的，莱布尼茨认为，空间的广延是被动的阻力或不可入性的连续重复。换句话说，莱布尼茨解决连续体问题的方法是，把空间中具有连续广延性的物质仅仅看作是派生的存在。

## 结　　论

莱布尼茨对笛卡尔物理学和原子论物理学的反驳，导致他对物质和空间的本质问题得出了肯定的结论，这个结论是通向他的形而上学的重要步骤。首先，物质存在于某些活力之中。其次，尽管物理变化表面上看是机械的，这些力却是自发地活动的。再次，构成实在的实体不能存在于空间之中。这三点表明实在与其表象是非常不同的。

## 附录：数学

### 微积分

牛顿在 1687 年《自然哲学的数学原理》第一版中写道：

十年前，在我和一位最杰出的几何学家即莱布尼茨的通信中，当我告诉他我找到了决定最大值和最小值以及画切线等方法时，这位最著名的人物回信说，他也偶然发现了同样的方法，并且告知我，他的方法除了用词和符号形式外，与我的方法几乎没有什么不同。

谁第一个发现了微积分？牛顿在 1664 年就已经发现了这一方法，尽管他当时丝毫未加披露。1669 年，牛顿在给朋友的信中说明了他的微分法，但是直到 1704 年，他才出版了他的《新方法》(New Method)。

莱布尼茨于 1675 年 10 月发现了微积分。1684 年 9 月，他在发表的一篇论文中详细说明了微分学，在 1686 年发表的一篇论文中他又解释了积分学。因此，看起来很清楚，牛顿最早发现了微积分，但是莱布尼茨也是独立地发现了它。顺便提一句，今天我们使用的积分和微分概念来自莱布尼茨。

然而，在他们在世时和去世以后，在莱布尼茨和牛顿以及他们各自的支持者之间发生了一场有关微积分的优先发现权的激烈争论。这场争论起因于这样一件事：1673 年莱布尼茨访问伦敦时会见过英国皇家学会秘书奥尔登堡（Oldenburg），这位秘书知道牛顿的工作。后来，牛顿的一些朋友指出，在这次访问期间,莱布尼茨获悉了牛顿关于微积分方法的思想。而且，在1676年6月，牛顿曾写信给莱布尼茨，说明他在数学上的一些成果。8月，莱布尼茨在给奥尔登堡的回信中解释了他在微积分方面的工作。然而，很清楚，从牛顿书信的原文看，莱布尼茨不可能已经从这里获知微积分方法。

1699年，一位瑞士数学家向英国皇家学会提出：莱布尼茨剽窃了牛顿的微积分。1705年，作为答复，莱布尼茨写了一篇关于牛顿《光学》(*Optics*)的匿名评论文章。文中指出，牛顿曾采用莱布尼茨的微积分。1712年，英国皇家学会委派了一个调查委员会调查有关证据。该委员会最后裁决说，牛顿最早做出了这个发现，但对莱布尼茨是否独立地发现了微积分这个问题则未作任何说明。1716年，莱布尼茨表示抗议：上面引用的牛顿的最初的说明应该已经解决了他独立发现微积分的问题。

考虑那个时代从事研究的状况，这场争论几乎是不可避免的。这是整个欧洲大陆的天才们互相竞争的时代。为了避免优先权争论，牛顿自己把他的《光学》一书的出版一直推迟到胡克（Hooker）死后。

## 数学

莱布尼茨主要的数学研究工作大多是在巴黎时（1672—1676年）完成的。他发现了拓扑学的基本原理，并把拓扑学称为位置分析（analysis situs），这对后来非欧几何学的发展是非常重要的（Ross，p.29）。在此期间，莱布尼茨还"发现"了二进位制算法，并且继续从事无穷小几何学研究。

无穷小微积分包括两个部分：微分法和积分法。微分法使人们可以计算作为另一个量之函数的量在任何时间上的变化率。积分法则可以使人根据给定的任何时刻上的值计算出整体，例如，计算出一条曲线围成的面积。

在巴黎，莱布尼茨曾经特别潜心于研究如何把圆变为方这个古代难题。这个难题就是要找到一种方法，能画出一个和给定圆的面积精确相等的正方形来。既然一个圆的面积是 $\pi r^2$，那么，作为其一部分，便涉及到要为 $\pi$ 找到一个精确的数值。当莱布尼茨发现 $\pi/4=1/1-1/3+1/5-1/7+\cdots$ 时，他显然已经朝着 $\pi$ 的精确值的目标迈进了相当重要的一步。这一发现鼓励莱布尼茨对如何计算无限系列的问题继续进行深入研究。反过来，这项研究又引导他发现了把无限系列收敛到有限之中去的方法。微分学就是计算这种系列的极限值的方法，而积分学则是确定无限系列的总和的方法。莱布尼茨的微积分研究同他关于连续体问题的思考相继进行。反过来，这些研究和思考又影响了他关于空间、时间以及实在本身的性质的研究。

# 6 空间和时间

On Leibniz

**17**16年，在莱布尼茨生命的最后一年，他在给克拉克（Clarke）的信中详细说明了他的时空理论。在这些信中，他提出一种时空关系论，直接反对克拉克倡议的牛顿绝对时空观。这些信已经成为哲学上的经典。

根据牛顿理论，空间在逻辑上先于物质，而物质可能占据也可能不占据空间。空间是个无限的整体，而且任何空间区域都是这个无限整体的一部分。物体占据着空间的各个部分，而且尽管物体有体积，空间也不是物体的属性。因为牛顿的绝对时空理论断言，空间先于占据空间的物体。该理论蕴含着这样一个假设：一个有限的物质性宇宙在绝对无限的空间之中可处于完全不同的位置是有意义的，例如，所有物体的集合体可能位于它实际占据位置的左边 10 米处。它们的位置相对于绝对空间的关系可能是不同的。这样，对牛顿理论而言，可以有意义地假定整个有限的物质宇宙可以在绝对空间中运动。这一陈述同样适用于时间，具体地说，从绝对时间方面而言，宇宙也许能够比它事实上被创造的时间更早或更晚一些。因此，根据牛顿理论，绝对运动是可能的。它是绝对空间在某一段绝对时间内的运动。

## 对绝对时间的反驳

莱布尼茨自己的时空理论包括两个方面。首先，与牛顿相反，他否定绝对空间和绝对时间的存在。空间不是逻辑上先于和独立于物理实体而存在的容器。他认为，物质的存在在逻辑上先于空间的存在：物理客体或力恰巧是以空间的形式排列的，除了这些空间关系以外，没有什么空间存在。空间只不过是一个关系系统。

这种关系空间学说有几个结果。首先，它包含着主张宇宙可能在不同位置被创造出来并能改变空间位置的观点是毫无意义的。根本不存在绝对空间，而且一个物体仅仅能够改变相对于另一个物体的位置。它不能改变其在绝对空间关系中的位置。除了是物体之间的空间关系以外，空间什么也不是，因此，假设所有物体都可能被置于不同位置是毫无意义的。时间也是这样：根据关系理论，假设宇宙可能产生得更早或更晚是毫无意义的，因为时间除了是事件之间的时间关系外什么也不是。根本没有绝对的时间。上帝通过创造时间上相关的事件来创造时间。在事件创造之前根本不会有时间存在。

因为莱布尼茨反对绝对空间和绝对时间概念，所以他也反对绝对运动观念。根本不存在依托于不运动的绝对空间背景之上的运动这类事物。任何物理实体的运动必定是与其他物理实体的运动相关联的。在1689年，他写道：

○ 在全部数学的严格意义上，运动只不过是一个物体相对于另一物体的位置变化，因此，运动不是什么绝对的东西，它只能存在于关系之中。（AG91）

这引导出该关系理论的第二个方面的含义。该理论认为，根本不会有真空或虚空。莱布尼茨否认虚空的存在，这并不是因为他认为空间必定是充满东西的，而是因为他反对把空间看作既可以被充满也可以是空的容器的观念。应该抛弃真空概念，因为它预先设定了空间是绝对的观念。

## 莱布尼茨的论证

为论证这种时空关系论,莱布尼茨指出牛顿的观点违反了充足理由律。他说,上帝根本不可能有理由在不同空间区域或不同时间阶段创造宇宙。既然一切事物必定有其充足理由,那么,说宇宙有可能被更早地创造,或在空间中别的地方创造,就是毫无意义的;这些不可能是真正的自由选择,并与绝对时空理论是相对立的。因此,该理论是虚假的。

此外,牛顿理论还违反了不可分辨的同一性原则。从性质上看,绝对空间中的点和空无一物的区域,在所有方面都是相似的。也就是说,它们是不可分辨的。然而,绝对时空理论却坚持认为,它们在数量上是有区别的。

莱布尼茨还向牛顿以神学为根据的观点提出挑战。牛顿把时空看作是绝对的、无限的存在的观点,与上帝的独一无二性是相矛盾的。如果上帝是唯一的无限个体,时空就不可能是绝对的和无限的。

牛顿曾经为自己的理论进行过如下论证。他声称,我们能够区分相对运动和绝对运动,所谓绝对运动就是相对于绝对空间的运动。牛顿的断言建立在一个假定的装满水的吊桶在空间中旋转的实验上。在这种情况下,水将会涌到桶的边沿上。根据牛顿的理论,这种现象表明,是水桶在旋转,而不是宇宙中别的东西在旋转。换句话说,这个实验可以算作绝对运动的例子。

莱布尼茨反对牛顿的理由是巧妙的。他指出，牛顿的推理依赖于以曲线方式运动（曲线运动）和以直线方式运动（直线运动）两者之间的区别。牛顿承认在直线运动情况下不可能存在相对运动和绝对运动之间进行区分的实验根据。莱布尼茨利用这一点来反驳牛顿。他声称，曲线运动和直线运动之间的区分不能用来证实绝对运动的存在，因为所有曲线运动都是由微小的直线运动的碎片组成的。以这种方式，莱布尼茨捍卫了运动是相对的理论，这种理论把运动严格地理解为空间或位置的变化。人们无法断言是 A 就 B 而言在运动，还是 B 就 A 来说在运动。

## 力的论证

运动的相对性是一个极其重要的结论，因为它表明需要一种力的本体论。他对这一观点的推论如下。假设 A 和 B 正在做相对运动。运动的相对性就是说,若不做某些更深入的考虑，我们就无法断言是 A 相对于 B 在运动,还是 B 相对于 A 在运动,因而会造成我们既不能断定运动是 A 的属性，也不能断定运动是 B 的属性。然而，如果运动是真的，它就必定是某个东西的属性。它不可能仅仅是或纯粹是表示关系的。因为，正如我们在第 4 章所看到的，所有关系都必定可还原为某种实体的属性。因此，如果运动是实在的，那么它必定建立在纯粹的相对位置变化以外的某个东西之上。这个东西就是力。

根据莱布尼茨的观点，力不是随意的。例如，如果 A 和 B 正在相对于对方在运动，那么，至少有一种物体一定被赋予某种实在的力，这种力引起了运动。换句话说，能动的力不是纯粹相对的，运动的原因一定属于某种确定的物体。

总之，当我们把运动仅仅看作是相对位置的变化时，是 A 还是 B 在运动就成为绝对任意的了。然而，与其说存在着位置的变化，不如说是存在着运动，因为运动的实在性必定建立在力之上，而力是绝对的。

## 时空的非实在性

正如我们在前一章所看到的，莱布尼茨认为，实在仅仅是由实体及其属性所组成的，并且认为，这些实体是无空间伸延的单子。这些观点明确地说明，空间中的物体从根本上讲不是实在的。现在，以这一时空理论为前提，莱布尼茨能够提出另一个不同的论证来说明这一相同的结论。正如我们在第 4 章所看到的，他认为关系是虚构的，即不是实在的。这一观点与时空关系理论一同表明：空间和时间是非实在的或者是虚构的。换言之：

1. 所有关系都是虚构的。
2. 空间和时间仅仅是关系。

3. 因此，空间和时间是虚构的。

这一论证证实了实在是由不占空间的单子所组成的论点。该论点是莱布尼茨对时空是什么进行实证性解释的基础。空间和时间是一些表象，它们在单子论中有其实在的基础。

# 结　　论

根据到此为止我们所了解到的莱布尼茨的所有哲学，我们可得出如下一些关于实在性质的暂时性结论。

首先，莱布尼茨思考问题的根本基础之一是，实体必定是一个真正的单元。正如我们在第 5 章所看到的，这意味着实体必定是不可分割的，因此它们也不可能具有空间的广延性。从这点来看，它们是不占空间的，而且从一开始我们最好把它们看作是没有维度的点。

其次，在这一章我们已经看到，莱布尼茨坚持的观点是一种时空关系论。空间和时间不是类似于实体性的东西，它们仅仅是一些关系，而所有关系陈述都可以还原为主谓形式命题。这一点包含有非常重要的意义，即认为空间和时间从根本上讲不是实在的。前面这两点说明了物质为什么是某种非实在的东西的原因。

再次，正如我们在第 5 章所看到的，实体在本质上是能动的。它由某些力所组成或引起某些力的产生。只有给出这个假设，运动才能得到解释。因此，这些没有维度的像点一样的实体就能被暂时看作是一些活动性的点或能量点。

最后，正如我们在第 4 章所看到的，每个实体都必定有一个完全的概念。在这个意义上，每个实体本身都像一个宇宙，它们根据自己的概念或性质而发展。

现在，我们转向探讨莱布尼茨的生物学和心理学理论，以便我们能更好地理解他的实体观。

# 7

On Leibniz ──────  **心灵和原因**

**机**械论的自然研究方法能适用于人类的行动和意识吗？机械论者根据那些遵循决定论法则的某些自然过程来解释各种变化。这样做，就否认了把有关现象解释为有目的的活动，或按照一定目的而进行的活动。在这方面，他们与活力论者形成鲜明的对比。活力论者根据目的和思想来解释这些现象。机械论者与活力论者的争论对莱布尼茨的哲学具有巨大意义。它标志着莱布尼茨从物理学到形而上学的转变，其转折点就是活力概念。

## 机械论的范围

我们是机器吗？笛卡尔回答说："不是。"他认为，心灵和物体具有根本的区别，并指出，物质总是机械的，而精神则不是。事实上，笛卡尔把心灵排除在自然之外。

与笛卡尔不同，莱布尼茨却从两个层面对这一问题作了回答。从现象或者物质层面看，莱布尼茨是一个机械论者。他认为，所有自然变化都必须用机械论的术语去解释。的确，这是他用来反对牛顿引力概念的理论基础：牛顿的引力概念不是机械论的解释。

然而，正如我们已经看到的，整个机械的、空间的和物质的宇宙仅仅是派生的或第二性的。对运动和空间的恰当解释揭示了实在的真实性质是与此完全不同的。它是由不可分割的、没有维度的实体或单子构成的。因此，机械论仅仅是从更深层次的实在对应该用自然发展和目的论术语来解释的事物的抽象。换句话说，人们能够机械地解释自然，但更深层次的实在却与此截然不同：它是有机的和充满活力的。

为什么莱布尼茨坚持这种观点呢？首先，因为存在着力的传递问题（参看第 3 章）。当一个物体与另一个物体相碰撞时，第一个物体的外部微粒必定会推动第二个物体的外部微粒，但是，既然空间中的任何事物都是复合物，这一过程对于由这些微粒所构成的部分，以及这些部分的部分，一直到无限，必定都是一样的。假如这种分割是无限的，力就根本不可能传递。所以，实体是由于自身的内在性质，而不是由于外在原因而自发地发生变化的。

其次，因为这一结论受到莱布尼茨语言哲学的强化。他把实体界定为某种自足的存在。正如我们在第 4 章所看到的，为了能把每个实体与其他所有可能的实体区别开来，每个个别实体的概念必定是完整的。这种完整性要求主词通过它的所有真正的谓词得到表述。此外，他把真理定义为包含，这就意味着所有那些真理都是分析性的。结果，每个实体都完全是被其自己的性质或自己的完整概念所决定。

然而，除上述原因外还有一个重要因素。莱布尼茨写道：

> 当我试图接近机械学最根本的现实原则时……我逐渐意识到对具有广延性的物质的思考本身并不是充足的，我必须利用力的概念。（Brown，p.170）

解释运动需要活力概念，这一概念是从物理学到形而上学的转折点。由于物质确实是由这种力所组成的，所以，正如我们马上就要看到的那样，宇宙就是由那些应当被认为是能动的、有目的的实体所组成的。

# 实体性的点

由部分所组成的东西不可能是实体。空间中的一切事物都是由部分组成的，因而空间中的任何东西都不是实体。在给阿诺尔德的一封信的草稿中，莱布尼茨写道：

> 物质实体，如果有的话，必定是不可分的；不管我们称它为灵魂还是形式，对我来说都无关紧要。（Brown, p.140）

他把自我或灵魂看作是实体性统一体的范型。这意味着所有实体都可理解为与灵魂相类似。让我们看看为什么。

## 程度的不同

大约从 1687 年起，莱布尼茨就在他的思考中开始使用他所谓的连续性原则：

> 事物的性质是完全一致的，我们的自然跟构成宇宙的其他单纯实体不会绝对地不同。（Brown, p.171）

当然，这并不否认在人和其他事物——比如石头——之间存在巨大差别。这意味着自然界根本没有个性差异或物种间的根本不同；而只有逐渐的程度上的不同。"自然从来不飞跃。"

有时，这种连续性的存在链观点听起来很接近进化论。莱布尼茨写道：人类

> 与动物相连接，动物与植物相连接，而植物又与化石相连接，化石又与那些其感觉和想象以死的或无机的形式再现给我们的那些物体相连接。（Letter to Guhrauer, p.676, Durant）

现在，我们能够列出种种理由说明实体或单子为什么与灵魂相类似。主要有以下四点：首先，自然界由活力所组成。这意味着对那种把物质看作某种死的和无生命之物的观念的否定。它暗示着我们应该把实体看作某种具有类似欲求和渴望的东西。这并不意味着所有实体全都具有"欲求"，而是指它们具有变化的"内在原则"（Monadology，p.15）。

其次，正如后面我们将看到的，每个实体都表达着整个宇宙。这并不是说每个实体都完全具有关于宇宙的有意识的知觉。莱布尼茨断言，一个代数等式能够表示一个圆，而无须像它。然而，它确实意味着每个实体都具有某种类似感觉的东西。

再次，真正的实体或单子在空间上是没有广延的。就这点

来说，它们更像灵魂而不是物体。由于是非空间性的，所以它们是非物质的，就这点而言，它们像灵魂。假定所有实体必定是不可分的，并且具有广延性的物质不会是实体，人们就很容易明白为什么实体必定是具有精神状态、像心灵一样的存在。如果它们是没有广延的，那它们会是别的什么呢？如果这仅有的可能的属性是广延和意识，并且如果广延性不可能是实体的属性，那么，唯一可选择的就是意识。此外，如果实在仅仅似乎是广延的，那么在某种心灵来看，它就必定是那样。这表明，那种具有知觉的心灵是第一位的。此外，根据莱布尼茨的观点，灵魂是统一体的范型。根据定义，所有实体都必定是统一体；灵魂显然是这样的统一体。就这方面而言，所有实体都与灵魂相类似。

最后，存在着上面我们已经提到过的连续性原则。由于这个连续性原则，所有不是灵魂的其他实体都必定像灵魂一样。由于这些原因，莱布尼茨得出这样的结论：所有单子，甚至那些构成我们认为是死的、无生命之物的单子，都像灵魂一样。他写道：

> 我宁愿相信所有事物都是充满生命的物体，而且在我看来，世间存在的灵魂要比原子多得多……（Jolley ed., p.294）

## 心理学意义

声称宇宙是由无数不同程度上与灵魂相像的实体组成的,这对心理学具有非常有趣的启示。它意味着人类与其他动物的区别只是程度的不同。生物与非生命存在物的区别也是如此。

莱布尼茨同意笛卡尔和洛克的观点,也认为人与其他动物的区别在于,只有人类才拥有意识和理性。然而,莱布尼茨却认为,引发我们的行为的因素通常是潜意识,而且从这方面来看,我们比我们想象的更像其他动物。此外,莱布尼茨还认为存在着潜意识的精神状态。在这一点上,他反对他那个时代的权威观点,该观点认为,我们必然意识到我们自己的精神状态。我们应该区分知觉和统觉,前者由有意识的精神状态所组成;后者在于意识到知觉的存在。换句话说,有意识并不要求意识到人们是有意识的。此外,莱布尼茨还认为,任何知觉都是由许多人们没有意识到的微知觉组成的(见第12章)。

## 回到机械论

宇宙归根到底还是由无数像心灵一样的被称作单子的实体所构成的。在这个层面上,变化应该用活力论的术语,使用目的概念去解释和说明。然而,在物理层面上(它是派生的或第二性的),变化应该用机械论术语去解释。

我们最初的问题是：有目的的存在物怎么能够存在于机械的宇宙之中呢？通过综合机械论和活力论双方的思想，莱布尼茨回答了这一问题。他通过区分这两个层面而把它们结合起来。他写道：

> 一般地说，我们必须坚持：世界上所有事物都能用两种方式进行解释：一种是通过动力因，一种是通过目的因。（Jolley ed., p.327）

这一回答又引出许多新的问题，例如，单子的性质及其与物质现象的关系。这些问题我们将在下一章阐述。到目前为止，我们能够看出：莱布尼茨的理论要求在两种不同的解释之间建立一种完美的和谐。在《单子论》（*Monadology*）中，他写道：

> 我们在两个自然王国之间建立起一种完美的和谐。这两个自然王国一个是动力因，另一个是目的因。（#87）

他是如何建立这种和谐的呢？

## 因 果 论

笛卡尔假定有两种根本不同的实体存在，即心灵和物质。

同时他还认为,这两种实体必定处于密切的因果关系之中。心灵和物质必定互为因果地相互影响。

这种因果二元论是说不通的。彼此间如此截然不同的两个实体,如何能互为因果地相互影响?记住,根据笛卡尔的哲学,心灵的唯一本质是有意识,而物质的唯一本质是占据空间。考虑到这一点,那么,假设心灵和物质之间具有因果关系就似乎是神秘的,并且与对自然的机械论解释具有尖锐的矛盾。许多后来的哲学家,如斯宾诺莎(Spinoza)(1632—1677年)和马勒伯朗士(Malbranche)(1638—1715年),都否认这种因果论。

莱布尼茨接受了两个不同的实体不可能具有因果相互作用这一原则。1695年,在《新系统及其说明》(*New System*)一书中他写道:

> 因为我找不到说明物体怎样引起灵魂中某些东西产生的途径,同样也找不到灵魂怎样引起物体中某些东西产生的途径,还有,也找不到说明一个创造物如何能与另一创造物相沟通的途径。(§12)

正如我们将要看到的那样,麻烦就出在这一句的结尾:莱布尼茨认为两个有限的实体之间根本不存在因果关系,甚至两个同类的实体之间也是如此。当然,一个实体的变化似乎能够引起另一个实体的变化。然而，这是由于创造中前定和谐的原因。单子像一系列的钟表，它们在不发生实际关系的情况下就能保持时间上的同步运行。保证单子以前定和谐方式运行的东西是：每个单子都有由其完整的概念所预先决定的内容。

有两个理由能够推出这一结论。首先，个体实体的变化由于是完全自发的，所以不具有因果相互作用关系。所有的变化都源于自身内部，或者更确切地说，源于一种内在的原则。事情之所以这样，是因为对于一个实体，所有为真的东西都能从它的个体性质或完整概念中推导出来。换句话说，莱布尼茨前定和谐学说的来源在于：他主张每个实体必定有一个完整的概念，并且还在于作为概念蕴含的真理论中（参见《新系统及其说明》§8—9）。每个实体都自发地产生于自己的完整性质。由于这一点，实体之间根本不可能存在任何因果关系，并且还是由于这一点，表象可以根据前定和谐得到最佳解释。

其次，根据定义，实体是自足的：否则，它就会依赖于某种别的东西，这与实体的性质是相矛盾的。正是由于这个原因，微笑不是一个实体：微笑的存在依赖于微笑着的人。莱布尼茨把实体的自足理解为：每个实体的特性必定只依赖于实体自身。反过来这又意味着：任何实体都不能依靠另一个实体获得其自己的性质，这就有效地排除了实体之间存在因果关系的可能性。

# 8

On Leibniz ——— 单子

**实**在是由什么构成的？我们现在已经从莱布尼茨哲学的许多方面收集到了用来解释他的单子论的所有因素。留待要做的仅仅是把这些因素集中到一起，以理解他对这一问题的回答。

## 单　子

根据莱布尼茨的哲学，实在仅仅是由没有广延的无数单子及其精神状态所组成。实在由实体所构成，这些实体必定是简单的。由于这个原因，他称之为"单子"（来源于希腊词"monas"，意指"统一性"或"作为'一'的东西"）。1687年4月30日，莱布尼茨在写给阿诺尔德的信中讲道：

> 一种不是真正存在的东西不是一种真正的存在。

声称实体必定是简单的，这有两方面的含义：首先，它是说物质客体是不实在的；其次，它是说单子像精神一样，没有空间广延性。实在似乎仅仅是由空间中的物理客体所构成的。为说明这一点，莱布尼茨曾用彩虹作类比。在彩虹中，无色的水的微粒看起来是有色的。同样，没有广延的个体实体的聚集体看起来是有广延的。由于单子自身的原因，实在也被认为是如此。从这方面看，物理空间中的物体只不过是类似于灵魂的单子的表象，并且它们正是因为类似于灵魂的单子而成为表象的。

正如我们已经看到的那样，做出这些结论的根据是：断定实体必定是简单的。这一断言本身似乎是根据无关紧要的前提做出的。首先，任何复合物（即任何拥有其组成部分的东西）最终只是一些简单物（即没有其组成部分的东西）的聚集。换句话说，复合物需要简单物。倘若没有简单物，复合物就决不会存在。其次，根据实体的定义，实体不依赖任何别的东西，因此，它也不可能是一些复合物。所以，它们必定是没有部分的简单物。我们可以把莱布尼茨的理论概括为如下两部分：

第一部分：

1. 复合物只不过是一些简单物的聚集。
2. 任何拥有其组成部分的东西的实在性都依赖于那些部分。
3. 因此，任何复合物的实在性都依赖于简单物。

第二部分：

3. 任何复合物的实在性都依赖于简单物。
4. 实体的实在性不依赖于任何别的东西。
5. 因此，任何拥有其组成部分的东西都不可能是一个实体。

注意，在这里，第一部分的结论充当了第二部分的一个前提。这两个部分作为一个完整论证的总结论是：所有实体必定是简单的。根据这个结论可以推论出：物质不可能是实体，实体必定是不占空间的单子。

## 单子和因果性

在《单子论》中，莱布尼茨指出："每个实体都自成一个世界，除上帝以外不依赖其他任何东西。"他的意思是说，任何被创造的实体根本不能与任何其他被创造的实体相互作用。

莱布尼茨认为单子"没有窗口",因为它们既不能接受任何因果关系的影响,也不能给予任何因果关系以影响。实体不能相互作用,因为命题"A作用于B"是关系命题,并且可以还原为关于分别具有A和B属性的简单主谓命题。此外,实体之间不可能存在相互作用,这还是因为,每个实体都有自己的完整概念,它预先决定了所有时间内它的所有谓词。每个个体实体都有其预先决定的包含自身的连续事件,它展现了那种与其自身的个体性质相一致的数学系列的必然性,除上帝的影响以外,它不受任何其他外部因素的影响。

莱布尼茨认为,必定存在着无数个实体。由于上帝在一切可能世界中选择最佳世界这一原则,世界上必定存在着尽可能多的多样性,因此上帝创造了无数的单子。这是一个非常重要的论点,因为它关系到莱布尼茨对偶然性的两个界定。他把偶然性命题定义为根据最佳原则而为真的命题;他还把偶然真理定义为需要无限长的论证过程的真理。这两个定义是有联系的,因为上帝在创造最佳宇宙的过程中创造了无数的实体。同时也因为这个原因,解释任何单个偶然事实的任务变得无限复杂。

## 单子是一面镜子

莱布尼茨指出,所有事物都是相互联系的:任何个体实体都与所有其他实体相联系。当我们详细说明尤利乌斯·恺撒这个完整的概念时，我们必须提及它与宇宙间所有其他实体的关系。否则，尤利乌斯·恺撒概念就绝不是完整的。换言之，实体 A 的完整概念包含着与所有时间内所有其他事物之间的关系。在这个意义上，任何个体实体都表现着整个宇宙。

根据莱布尼茨的观点，这意味着仅仅根据任何实体的谓词，我们就可以推断出所有其他实体的所有谓词。这就是他说"每时每刻每个单子都以自己的特殊方式反映着整个宇宙"的原因所在。这些论断的基础是关系可还原为实体的谓词。正如我们在第 4 章所看到的，莱布尼茨认为，仅从 A 的属性或仅从 B 的属性就能推断出 A 和 B 之间的关系。假如所有实体都相互联系，那么，这种关系观点也就相当于这样一个论点：每个实体都表现着整个宇宙。

## 观点

每个单子都以自己的观点反映着宇宙，这一特征是由其知觉的相对模糊性所赋予的。由于不可分辨的同一性原则，任何两个单子都不会具有相同的知觉。然而，在某种程度上，每个单子的知觉与其他任何单子的知觉又是相同的。因为每个单子的知觉都只是整个宇宙也就是所有单子的反映。然而，单子的知觉在模糊状态上存在着差异。每个单子较清楚或不太清楚地所察觉的东西规定了它们各自独特的反映方式。例如，此时我对计算机屏幕有一个清楚的知觉，但对房间中的其他方面却只有很微弱的知觉。不断变化的知觉清晰性说明了观察问题的视角，不必非要把空间关系看作某种终极实在物。它说明了在实在不占空间的情况下，各种单子是如何处于不同的空间关系之中的。

由于单子的知觉模糊程度在不断地变化，所以单子之间存在着等级序列。有三种不同类型的单子：赤裸裸的单子、动物的灵魂和理性的灵魂。赤裸裸的单子根本没有有意识的知觉，也没有记忆。这些单子的无限聚集构成了那些有广延的物体的无广延性的基础。动物灵魂具有某种程度的记忆和知觉的辨别力。只有理性灵魂具有自我意识或统觉；它们能够进行理性思考，并且拥有关于善恶的知识：这些灵魂是人类和天使的灵魂。

## 前定和谐

每个单子都反映着所有其他单子，这种观点强调了这样一种表象：单子之间存在着普遍的因果相互作用。但是，既然不存在这样的因果关系，也就不能从因果关系上对这种反映做出解释。每个单子都按照自己的前定性质而自发地和孤立地发展。那么，在所有单子所没有展现出来的包含自身的连续事件之间，如何能存在一致性和相互依存关系呢？在单子之间不存在因果关系时，任何一个单子的变化如何能在任何其他单子的变化状态中得到反映呢？莱布尼茨反对偶因论者的观点，这种观点认为，上帝自始至终干预着世界的发展过程。相反，他提出了前定和谐说。根据这一学说，上帝创造了每个单子并对其发展过程做了安排，因而在每一瞬间每一个单子和所有单子的知觉在所有细节上都将和谐一致。上帝决定了每个单子的性质，使它们以一种无须干预的前定和谐方式形成自己的协调发展状态。

## 共时相似性

毫无疑问，莱布尼茨的形而上学使大多数读者感到十分奇特。这正是我们仔细阐释导致这一状况的那些论证的原因。

大体上，我们可以把莱布尼茨的本体论基础的特征描述如下：宇宙是由无数没有维度的和具有活力的点构成的，每个点都反映着所有其他的点，并和所有其他的点相和谐。用这种方式表述，这一观点就不像它刚听起来时那样陌生。的确，它与同时代的物理学中的某些观点有许多相似之处。例如：

> 正是时空中这种由点所构成的事件是（相对性的）基本概念。在原则上，所有结构都必须被理解为普遍场中的形式，它们是所有时空点的函数。（Bohm and Hiley, p.352）

又如：

> 存在的总体以隐含的秩序包容在每个时空区域之中。因此，无论我们在思想上可以对其组成部分、要素或方面作何种抽象，都仍然包容着这种整体。（Bohm，p.172）

我并不是要坚持莱布尼茨走在了同时代物理学的前面。毋宁说，关键之点在于：我们不应当仅仅以他的观点的奇特性而抛弃他的观点。

# 9

On Leibniz ———— 上帝

# 和　谐

在其步入成年之后的大部分岁月里,莱布尼茨所追求的事业之一是德国天主教与新教教会之间的和谐。他之所以对此矢志不移,部分地建立在他对基督教应当高于所有慈善和仁爱的理解之上。莱布尼茨是一位路德教信徒,但是他认为,由于"其真正的和本质的交流(这种交流使得我们成为耶稣·基督之身体的一部分)是慈善"(Riley, p.31),这两种教会应当和谐一致。

最初,他是在1669年受巴恩伯格(Boineburg)的鼓励而认真从事这项工作的。他俩一致赞同某种基本的策略,即推动统一:除有些教义之外,路德教教徒可以接受特兰托大公会的观点，这些观点可以做出某种路德教会的解释，这种解释与天主教教义不矛盾。这种观念得自于罗马教皇的一个陈述，其大意是：这些解释与天主教的信仰并不是对立的。以此为基础，莱布尼茨在此之后撰写了一本著作——《天主教的证明》，这本书表明了这两种教会的兼容性。这些计划因巴恩伯格于1672年逝世而中止。

1677年，维也纳的天主教教皇委派罗杰斯·德·斯宾诺拉（Rojas de Spinola）主教到汉诺威（Hanover）宫廷谋求约翰·弗里德里克（John Frederick）公爵的帮助，请求他在德国的这两种教会相统一的活动中助一臂之力。1679年，莱布尼茨向弗里德里克公爵解释了他自己关于这两种教会实现统一的观念。天主教教徒弗里德里克公爵成为他的新的赞助人。莱布尼茨详细说明了其最初的想法和谋略，并且极为乐观地声称，这些证据将以普遍的语言来撰写，从而使它们成为无可争议的。他使《天主教的证明》中的事业复兴起来了。弗里德里克公爵计划到意大利旅行，并且同意与教皇英诺森十一世谈论此事。然而，莱布尼茨又一次遭到挫折。1680年初，弗里德里克公爵在其旅途中逝世。

1683年，土耳其人向维也纳进军。罗杰斯在汉诺威召集了天主教和新教神学家会议，以促进面对穆斯林的威胁两种教会的联合事宜。或许是为了这次会议，莱布尼茨撰写了《神学体系》一书，这本书对天主教的陈述是新教教徒或许能够接受的。尽管具有强烈的同情，他在这本著作里和其他地方仍然表达了一些天主教的信仰。莱布尼茨毕生一直是一位路德教教徒。1687年，他被任命为梵蒂冈图书馆馆长，这个职位或许会使他成为红衣主教。然而莱布尼茨拒绝了这一职位，声称其拒绝的原因是天主教教会曾经犯过处罚伽利略的错误。

1690年，莱布尼茨试图重新开始他的统一教会事业。他与波索特（Bossuet）主教又恢复了联系，并且与神学家佩利逊（Pellison）开始接触，他是以下列观点为根据提出他的计划的：统一教会的事业将会转移罗马帝国与法国之间的战争。莱布尼茨希望波索特主教运用他的影响说服国王路易十六恢复欧洲的和平。然而，最终波索特使得这一观念破灭了，其原因是他宣称特兰托大公会是正确的，而新教徒则是异教徒。最后，在1695年，莱布尼茨放弃了统一这两种教会的计划。

## 创　　世

1696年，莱布尼茨设计了一个模型，以庆贺发现二进制数字的形而上学意义。当他向鲁道夫·奥格斯特公爵解释他关于二进制数字的想法时，奥格斯特公爵指出它们就像创世的活动一样。莱布尼茨送给奥格斯特公爵一个模型设计方案，以说明这种类似性，他称其为"创造的秘密"。在二进制系统中，所有数字都以 0 和 1 来表达。按照奥格斯特公爵的建议,莱布尼茨想到这是一个创造模型:任何事物都可以从 1(代表统一体或上帝)和 0(无)中产生。这个模型上计划镌刻上铭文:"1 足以从无中生有。"

莱布尼茨宣称,上帝是原初的简单实体,所有被创造之物无时无刻不是以之为基础的。换言之,创造不是一段时间,不是某个已经消失的事件,而是一个连续的过程。

上帝与其创造物的区分具有某种重要的伦理意义:世界是不完美的。莱布尼茨非常清醒地认识到在最完美的存在——上帝,与世界上罪恶的存在之间如何保持和谐的问题,这便是 1710 年出版的《神义论》(*Theodicy*)一书的中心论题。这部著作是其在世时出版的唯一一部完整的哲学著作。

绝对完美的上帝似乎不应当创造一个诸如存在着不必要的痛苦之类的恶的世界。因此,恶的存在似乎否定了完美的上帝的存在。诚然,莱布尼茨批驳了这种论证。然而,他也拒绝了诸如贝尔等人的观点。贝尔宣称宗教信仰必定建立在信仰之上,因为对上帝的信仰与理性是矛盾的。莱布尼茨试图在不放弃理性的前提下捍卫信仰。

为此,他提出两个观点。首先,世界必然是不完美的,因为否则的话,它将与完美的上帝相等同。因此,抱怨世界是不完美的,就像断言它根本不存在一样,是非常荒谬的。其次,任何进一步改善这个世界的方法,都将会不可避免地使得世界变得更糟。换言之，这是所有可能世界中最好的世界。

## 所有可能世界中最好的世界

当然，这类主张似乎是虚假的，因而莱布尼茨千方百计地为之辩护。他大部分是通过解释他的意思而进行辩护的。当莱布尼茨主张这是所有可能世界中最好的世界时，他对于善是什么在其头脑中具有确定的客观标准。具体地说，这是所有可能世界中最和谐的世界，这是指世界包含着差异最大的现象和最简单的自然规律。每一规律都允许"最大的效果"是"用最少的花费所取得的"。

不要忘记，世界是由无限的各自独立的单子所组成的，上帝使这些单子同步地和谐运动。每一个单子都完全是确定的和相互分离的。上帝选择所有可能的单子中的某些单子去组成现实，并且上帝以某种特殊的方式完成了这一任务，因而它们都完美地彼此和谐一致，这样，每一个单子都表达了其他单子的观点。物质性事物的和谐完全依赖于单子的和谐。

由于世界的和谐或秩序，它还是所有可能世界中最美的世界。美产生于下列事实：秩序是由最简单性产生的。此外，莱布尼茨把快乐定义为对和谐的知觉，因而这个世界是所有可能世界中最令人愉快的世界，它为人们的幸福提供了最大的可能性或潜在性。

此外，这个世界必定包含着最大的幸福，因为当存在着精神，并且精神能够意识到世界的和谐，因而能感觉到快乐和爱时，幸福的潜在性将会变成现实。精神是所有被创造的单子中最完美的，因而它必然地会寻求完美的上帝将会必然地和尽可能地创造最大数量的这类精神。所以，这必定是所有可能世界中最幸福的世界。

莱布尼茨关于这个世界是所有可能世界中最好的世界这一论断，伏尔泰（Voltaire）在其1759年出版的小说《老实人》（Candide）中做了讽刺性的描述。小说中的主人公庞格拉斯（Pangloss）博士遭受着一系列不幸，但他却不断地声称这是所有可能世界中最好的世界，尽管他的许多体验与此恰恰相反。

然而，莱布尼茨会争辩说，在由物理规律支配的宇宙中，自然灾害是我们的生活方式的不可避免的副产品。没有这些规律，生活将会更加糟糕。任何改变宇宙的企图都会致使它变得更加糟糕。

或许，思考莱布尼茨如何回答伏尔泰的最佳方式如下。确定无疑的是，最完美的上帝存在着，并且这样一个上帝将必然地只会创造所有可能世界中最好的世界。在《神义论》一书的附录中，莱布尼茨写道：上帝

> 由于他的善而必然地会选择这样一个世界，这个世界应当包含着最大可能的秩序、规则、美德和幸福。（Huggard，p.431）

# 对上帝的证明

假定最完美的上帝存在着,那么,坚持这个世界必定是所有可能世界中最好的世界似乎是合乎理性的。莱布尼茨认为,最完美的上帝存在着,这是确定无疑的,他对上帝的存在给出三个证明。

## 本体论证明

上帝存在的第一个证明是本体论证明,对此他做出两种阐述。第一个阐述是追随笛卡尔和安瑟伦的证明,根据后两人的证明,上帝被定义为包含着所有完美性的存在。该证明是:

1. 根据定义,上帝是绝对完美的存在。
2. 存在是完美的。
3. 因此,上帝必定存在。

本体论证明的第二个阐述(它开始于斯宾诺莎)是从对某种必然的存在下定义开始的,这种存在的本质包含着存在。该证明是:

1. 必然存在是一种其本质包含存在的存在。
2. 上帝是这样一种存在。
3. 所以,上帝是存在的。

然而，莱布尼茨认为，若没有证明上帝实际上是可能存在的，这些证明从根本上说是不完善的。没有这一补充，这种证明的两种版本实际上只会表明，如果上帝是可能的，那么他就存在。

通过表明上帝的概念不包含矛盾，即它不包含不兼容的谓词或断言，这一缺陷是可以校正的。莱布尼茨对这一点的论证如下：上帝是一种其本质涉及所有完美性的存在，并且根据定义，完美的事物永远具有简单的不可分析的性质。因而他论证说，在把简单性质的任何关联物归结于相同事物时，不可能存在矛盾。这些性质必定是相互兼容的，因为事实上它们是简单的。这类性质不是自明地不兼容的。因此，如果它们是不兼容的，这种不兼容性将必定是可探究的。然而，在简单的不可分析的性质之间不可能存在任何可探究的不兼容性，因为可探究的不兼容性要求分析。因此，关于上帝的观念不是自相矛盾的。

## 宇宙论证明

本体论证明是一种先验证明，它仅仅建立在上帝概念的性质之上。与本体论证明不同，宇宙论证明是一种后验证明，它建立在偶然事物的存在之上。每一种偶然的事实和事件必定有充分的理由。即使每一事件都可以充分地由先前的事件来解释，以此类推，以至无穷，这里仍然存在着如何解释作为整体的事件系列的问题。我们仍然要求回答下列问题："为什么该系列作为一个整体是存在的？"和"为什么它如其所是地继续着？"这些问题由于充足理由律而必定具有其答案，并且这些答案必定要在作为整体的事件系列之外，即在必然的存在之存在中去发现。作为整体的自然体系必定依赖于上帝的存在。因为偶然事物确实存在，因而也必定存在着必然性的存在。

宇宙论证明或许依赖于如下假定：存在着第一个事件。由于第一事件不能由比它更早的事件来解释，这就要求某种可选择的解释，以便可以根据上帝的存在来进行论证。然而，莱布尼茨的宇宙论证明不要求假定第一事件；即使事件向后作无限延伸，它也不受影响。因为，通过先前事件来无限地解释每一事件并未给任何事件提供完全的理由，因为仍然存在着尚未回答的问题：为什么仅仅存在着一个世界，以及为什么世界应当是它现在的这个样子。这一点是至关重要的和颇有争议的。即使无限的事件系列中每一单个事件都可由先前的事件来解释，仍然存在着一个问题：如何解释作为整体的事件系列？莱布尼茨坚持认为存在着这样一个系列。

宇宙论证明主张，因为偶然的事物存在，那么具有必然性的存在物也存在。然而这并不表明这种必然性的存在物就是上帝。证明上帝存在的第一步，是证明仅仅存在一个必然性的存在。这种证明如下：因为所有偶然事物都是相互关联的，对它们之中任何一个单一事物的充分证据，对它们中的所有事物来说都是充足的。事实上，莱布尼茨试图表明，只有一种必然存在的存在是对作为整体的自然的充分解释。

这种唯一的必然存在实际上就是上帝，因为这种必然存在是一种自发的力量，它选择创造世界是通过创造可能世界中的现实世界而实现的。现实世界的偶然性表明，世界是被自由选择的，因为上帝的选择可以是不同的，同时又没有任何矛盾。

然而，这一立场面临一个难题：上帝真的有可能选择另一个不同于这一世界的可能世界吗？这种困难在于，上帝必须是"全善"，并且这似乎包含着上帝必须选择所有可能世界中最好的世界。如果上帝能够做其他选择，那么，他便不是绝对的善。另一方面，如果不能做其他选择，那么，他的选择就不是自由的。莱布尼茨对这一点的回答是说行动的动机"倾向于没有必然性"。上帝应当随心所欲进行选择，这是必然的，但是上帝不是在必然地选择。这一答案是至关重要的，因为在莱布尼茨的形而上学里偶然性的源泉是上帝的选择。如果上帝对于哪一个可能世界将成为现实的选择不是自由的选择，那么莱布尼茨的体系将是完全的决定论的。

## 偶然性与存在

莱布尼茨的形而上学确实包含对世界的偶然性的说明。正如我们在第 4 章所看到的那样，他宣称所有存在命题，诸如"恺撒存在",都是偶然的。只有一种例外的陈述是"上帝存在",这一命题是必然真理,这就是为什么上帝是必然存在的缘故。进而言之,只有存在命题是偶然的。

为了看清为何是这样,不要忘记莱布尼茨的如下主张:诸如"恺撒越过卢比孔河"之类的真理不是偶然的,因为它们并不假定恺撒实际上存在。它们缺乏存在的意义;它们仅仅把"恺撒"概念的内容固定下来,不管这个人是否存在,它们都是真的。因此,非存在的真理,诸如"恺撒越过卢比孔河",与存在真理,诸如"恺撒存在",是两类不同的真理。在莱布尼茨的体系里,只有存在的真理是偶然的。

它们的偶然性存在于下列事实之中:对偶然的存在命题的先验证明是没有终点的,并且涉及对上帝的自由意志的参照。这一证明将是一个无限长的证明,因为它要求表明,关于存在的真理是对所有可能世界中最好的世界的描述的一部分,并且因为存在着无限可能的世界。

然而,还有一个问题。在第4章我们已看到,莱布尼茨宣称,所有命题都可归结为主谓形式,它们的真理性就在于包含着谓词概念的主词概念中。然而,这一真理论显然不适用于诸如"恺撒存在"之类的存在命题。如果它适用的话,所有存在真理将都是必然真理。如果"恺撒存在"这一陈述由于"恺撒"概念包含着存在观念而是真的,那么这一陈述将是分析陈述,因而恺撒将成为诸如上帝一样的必然存在。因此,莱布尼茨的真理论似乎不适用于偶然的存在命题。莱布尼茨清醒地意识到这一难题，并试图通过宣称如下论断来克服它：要确定某种偶然事物存在，就必须确定它属于或者是所有可能世界中最好的世界。

## 前定和谐证明

最后，让我们简略地阐述一下莱布尼茨关于上帝存在的第三个证明。单子似乎处于普遍的相互作用之中，但是，事实上它们在因果关系上是相互独立的。因此，普遍的相互作用的外观必须根据某种前定和谐来加以说明。无限的单子之间所具有的这种前定和谐要求上帝的存在，他能够预期和协调无限的单子。换言之，所有单子的前定和谐必定具有充足的理由，若给定这种和谐的无限性，那么，这种和谐的唯一可能的理由便一定是上帝。

事实上，这种关于上帝的证明是设计论证明的翻版。根据设计论证明，宇宙的某种特定特征，诸如它的秩序性，只能被解释为上帝的作品。

# 10

On Leibniz ——————— 伦理学

当道德规范要求我们热爱我们的人类同伴时，我们怎样使作为动机的自我利益与这些道德诉求相一致呢？莱布尼茨是一位心理的自我论者。这是指人类只是被自我利益所驱动。具体而言，他认为，一个人的意志只是由他关于某物是善的判断所推动的，并且要判断某物是善的，就是认为它给某人所提供的快乐多于痛苦。在其《外国外交法规手稿》（1700年）一书中，他说仅仅由我们自己的善所激励，这是我们的本性。然而与此同时，莱布尼茨提出许多道德概念，这些概念明显地与这种心理理论相抵触。莱布尼茨摆脱这一困境的方法非常有趣。然而，我们首先应当考察莱布尼茨道德概念的多面性，包括他试图消除的对概念的多种误用。

## 反对概念误用

道德的正当性应当根据自然法则来界定。这就要求区分自然法则与社会法则，后者可能是不公正的。而且，这意味着我们的道德义务不依赖于上帝。

在《共同的正义概念》（1702年）一书中，莱布尼茨拒绝了英国哲学家托马斯·霍布斯（1588—1679年）的主张，后者宣称上帝具有做任何事情的权利，因为他的权力是至高无上的。上帝的意志界定了什么是正确的和合法的，这只是因为上帝是全能的。根据莱布尼茨的观点，这一观点未能区分权利和强力：

> 在权利和事实之间做区分是一个失败。因为人能够做什么是一回事，人们应当做什么是另一回事。（Riley, p.47）

正义不可能是使最强大者高兴的事。这种观点等同于改变"正义"一词的意义。正像我们将要看到的那样，正义和权利概念不是建立在权力之上，而是以善和智慧为基础的。

根据莱布尼茨的观点,"道德的真理性把某些责任强加在人类身上",并且即使上帝不存在,亦仍然如此。

> 即使不存在上帝,我们仍然应当有义务遵守自然法则。(*Theodicy*,§183)

然而,这并不意味着莱布尼茨认为上帝与道德是互不相关的。决非如此,因为上帝是我们必须向他学习的完善的道德样板。

### 确定的正义概念之需求

莱布尼茨拒绝了纯粹否定的道德观点。他把"正义"定义为"以如此这般的方式进行活动的持久意志,因而任何人都没有理由抱怨我们"(Riley,p.53)。正如他所认识到的那样,这一定义要求对抱怨的理由做出解释。然而,其关键之点在于,根据这一定义,正义是一种肯定概念。换言之,我们不仅要求限制伤害他人,更为明确的是,我们还要求仁慈,并通过助人而做善事。

莱布尼茨通过三个步骤来证明这一结论。其第一个假定是:如果一个人伤害了他人,同时又不期望他们伤害自己,那么,这些他人就有理由抱怨他或她。因此,该人的行为是不正当的。第一步是,这种相同的观点适用于防止伤害发生于他人。当一个人能够阻止伤害而同时自身又不用付出巨大代价时,他就应当这样做。否则,另一人将有理由抱怨。第二步是,假定是这样,同样的理由仍然可通过去掉他们获得某种善的障碍而适用于帮助他人。假定是这样的话,第三步便是指出,同样的理由可应用于那些促进他人的善的肯定的活动之上。否则,他人可抱怨:"你本来可以轻而易举地使我幸福,而你却没有这样做。我有怨气;在同样情况下你也会有怨气,因此我抱怨正义。"

通过这种逐步的证明,莱布尼茨总结道,具体的正义和一般的道德,并不仅仅是由限制作恶或引起伤害所构成的。它们使我们从事善的活动和给他人带来利益成为必然。同时,他还总结说,理性法则要求我们把我们自身放在他人的位置上,因为这是"判断什么是正当的和不正当的正确观点"(Riley,p.56)。

## 三 个 层 次

在《外国外交法典》(1693年)一书的前言中,莱布尼茨解释说有三种层次的道德或正义(Loemker,p.421)。第一个层次,他称之为严格的法则。在这一层次上,我们可假定人是自私的;因此,在这一层次上,道德要求运用外部力量去阻止人们彼此伤害。这种合法道德的基础是,任何国家成员都不应当受到他人的伤害。

第二个层次狭义上叫作平等或仁慈。在这一层次上，每个人都应当根据分配和享有正义的原则而获得其权利，并且道德要求我们对所有人做与他们的权利相一致的善事。这种社会道德的基础是对他人的尊重。

莱布尼茨把道德的第三个层次称为虔诚。在这个层次上，道德要求我们体面地活着。这包括那些前两个层次所未包含的责任，诸如自我尊重的责任和不浪费自己的财产。在这第三个层次上，道德基于如下事实："我们把我们自己和我们的一切归功于上帝。"这种道德延伸到了我们的道德生活之外，并且因此在这个层次上，正义建立在普遍和谐之上，这种和谐存在于上帝统治着不朽的灵魂所组成的共同体。

## 三个层次的统一

莱布尼茨经常把正义定义为智者的仁慈。正义是为了与智慧相一致而形成的善。对莱布尼茨来说，智慧是个重要概念。例如，他把美德定义为根据智慧而行动的习惯。智慧的重要性基于我们的行为道德依赖于我们的理解这一观念。我们对宇宙的性质理解得越多，我们的行为就越符合道德。

关于智慧的这一假定，可以根据对仁慈或善（即关于正义的定义的另一半）的理解而得到解释。他根据是否适合智慧实体的完善而定义善。例如，通过帮助某人，我强化了人的完善或美好性质，譬如他的或她的快乐、满足感或自然的智能。

完善具有其客观的方面和主观的方面。其主观的方面是愉悦感，它是由完善的知觉在我们体内所引起的。莱布尼茨把愉悦定义为

> 完善或美好的感觉，不管它是在我们体内还是在某种他物之中都是如此。（Loemker，p.425）

然而，有时其他人的完善偶尔会使我们不高兴。莱布尼茨论证说，他们这样做在本质上是不善的，然而由于环境使然，它们成为善（例如，竞争之美）。他还指出，我们有时在未理解我们知觉到什么时也会感觉到对某物之完善的愉悦；这种现象是对同情的感觉。

完善还具有其客观的方面，即它植根于和谐与秩序之中。反过来，这又会引起美和爱的情感。（Loemker，p.426）

至此，我们可以理解智慧的道德意义和为什么（譬如）莱布尼茨把正义定义为智者的仁慈。智慧是能够理解美好及其在和谐与秩序中的客观基础之性质的品质。

这三个层次的道德对应于三种快乐。在第一层次上，人们假定只能在他们本身或他们自己的状态和完善中发现快乐。假定每一个人都对他人漠不关心，道德就必须防止我们彼此伤害。相反，在第二个层次上，我们在他人之快乐中发现快乐。换言之，我们

热爱他人，并且在这一层次上，道德命令我们要仁慈，要促进他人的福利和完善。最后，在第三层次上，我们在上帝的幸福中发现快乐；我们热爱上帝，道德要求我们具有普遍的正义。

## 爱上帝

第三个层次是道德的最高层次。1678年，莱布尼茨关于宗教写了四个对话。在这些对话中，他考察了如下事实："上帝命令我们爱他胜过爱所有事物。"（Jolley ed., p.423）根据莱布尼茨的观点，"爱就是在他者的完善中发现快乐"。这意味着通过认识上帝的完善，我们爱上帝，并且由于他是全善的，我们通过爱他而感觉到的快乐，将是"能够存在的最大的快乐和最持久的快乐"。对神的爱排除了所有其他种类的爱，因为：

○ 爱上帝可得到最幸福的结果，因为任何幸福都超不过上帝，同时，任何东西都不可能被知觉为更美和更值得幸福。（Loemker, p.422）

## 问题及其解决方法

这里的问题是莱布尼茨坚持的是一种形式的自我快乐主

义。换言之，我们只能缘于我们自己的自我利益（自我主义）而行动，它存在于快乐体验之中（快乐主义）。然而，他的道德论似乎恰恰要求相反的东西：我们关心他人的利益和爱上帝。譬如，正义要求我们热爱他人，而不寻求把他们的善仅仅当作通向我们自己的快乐的手段。

要求人们遵守美德或道德的动机是什么？莱布尼茨认为，相同的道德规范既适用于上帝，也适用于人类。换言之，除了上帝是完善的以外，神的正义和人的正义是可媲美的。这意味着我们可以学习道德和考察上帝所要求的激励。上帝不是由（对处罚和奖赏的）恐惧和希望所激发的；相反，他在完善之中获得快乐，并且是由完善所激励的。

莱布尼茨是如何把这些主张与他的自我快乐主义统一起来的呢？他的答案有三个部分。第一部分是分析什么是爱。如果我们爱某物，我们就在其完善中直接获得快乐。因此，当我们由于其自身缘故而爱某物时，我们就在其中直接获得快乐，而不是因为其他某物的缘故。它是：

> 期望它自身的，作为（至少）部分地构成我们的期望的目标，和作为某种进入我们自己的幸运之中的东西。（Jolley ed., p.425）

莱布尼茨承认那种纯粹的和无私利之爱的可能性，那就是

"不依赖希望、恐惧和对任何实用问题之关注的"爱。(Jolley ed., p.426)然而,这种爱不是自我主义的对立物,因为它要求我们把他人的利益作为我们的利益的一部分。"爱或珍爱就是要在他人之幸福中发现快乐或把他人的幸福视为自己的幸福。"(Loemker, p.421)总而言之,正义要求善行或仁爱之心,它反过来又要求把他人的完善作为自己幸福的一部分。

其答案的第二部分是断言,一个人能够感觉到的最大幸福是爱上帝,因为上帝是所有存在中最幸福者。而且由于要爱上帝就必须爱全人类,爱上帝的人将是一个正义之人。

莱布尼茨的解决方案中的第三部分是,全善的上帝之存在意味着错误行为将要受惩罚,而有德行的行为将要受奖赏。尽管如此,莱布尼茨仍然认为,一个仅仅由于身后之事而尽力做到公正的人决不会成为正义之人。一个人若仅仅出于逃避惩罚的恐惧而遵守正义原则,那么这并不会使这个人成为正义之人。他说:"由于恐惧而顺从上帝之人不是上帝的朋友。"身后之事不会成为推动道德的或正义的原因,但是它是论证那种道德和自我利益相一致的唯一方法。

○ 为了真正地通过论证而建立起每一种荣耀之事都是有益的,每一种以之为基础的事物都是有害的观念,我们必须假定灵魂和上帝的不朽。(Loemker, p.423)

# 11 政治学

On Leibniz

作为外交官和欧洲贵族阶级的顾问，莱布尼茨在政治学领域非常活跃。然而，他的主要关注点是人们的福利。他提出许多改善大众生活的观念，诸如兴建更好的排水系统，改进教育和卫生体系。例如，他鼓励在德国和法国出版医疗统计数字。1691年，当他得知在法国使用的一种治疗痢疾的新疗法时，便力主把这种治疗方法引进德国。他提倡使用预防性药物，提议建立永久性的卫生委员会，以便在贫民中降低那些危险的传染病。他提出建立经济委员会和进行经济调查的观念，以便改进制造业和农业，其根据是它们"相对于贫穷和不幸产生之后再去减轻它们而言，能极大地有利于防止贫穷和不幸，而贫穷和不幸是所有犯罪之源"（Riley，p.26）。1679年，他向弗里德里希公爵建议成立信息部和商店。1681年，他又提出许多建议，以改善士兵的生活条件，预先制定能够减少伤亡的作战战略。即使他提出的那些理论化程度更高的观念，诸如关于普遍算法，莱布尼茨仍然认为，从长远观点看这些对人类都是有益的。

对公众利益的重视是莱布尼茨政治理论发展的里程碑。他宣称，正义是：

> 对社会有用的东西，公众的善是至高无上的法则——然而，社会不是某些人的社会，不是某个特殊民族的社会，而是所有那些作为上帝之城的一部分的人的社会……作为宇宙之国家的社会。（Riley, p.30）

这与譬如洛克所提出的理论是大相径庭的。洛克试图证明，作为一个合法的权威机构，国家是为了保护自然权力并通过社会契约而形成的。与此相反，莱布尼茨认为，国家的合法性并非依赖于参与者之间的社会契约。国家不依赖于它的起源。使得国家的形成成为正当的原因是，它能促进公共的善。

因此，莱布尼茨没有像洛克所主张的那样，宣称国家要求所有社会成员参与。在写给伯内特（Burnett，c1700）的一封信中，针对洛克的《政府二论》，莱布尼茨宣称，假如有几个

政治学　127

人在一望无垠的大海上的一只船上，"它至少要么顺从自然，要么顺从理性，因而那些对航海一无所知的人将决不会成为领航员"（Riley，p.23）。按照这种类比，自然理性表明，政府属于那些最聪明的人。否则，它就是不公正的。

○ 　　君主政体的目标造就了声名卓著的智慧英雄和德行统治。贵族统治的目标则把管理权赋予最聪明的人和最有专长的人。民主政体的目标则使得人民自己选择什么对他们是善的。（Riley，p.23）

莱布尼茨反对洛克关于全体人民生而俱有平等的自然权力的观念。只有当人民具有相同的自然优势时，才能获得这种平等，而他们显然并不具有这种相同的自然优势。他也不赞同霍布斯的社会契约观点，根据这一观点，在自然状态中，即在社会契约之前，没有任何道德法则存在。他在《对沙夫茨伯里性格的评论》(*Remarks on Shaftesbury's Characteristics*)中写道，沙夫茨伯里成功地批驳了那些断言在自然状态下和政府之外不存在任何义务的人。

此外，在《新论文集》中，莱布尼茨拒绝用社会契约来解释市民社会之起源的需要。人民团结起来，以获得自然的共同目标，这"就像鸟群共同飞行迁徙"一样。概括地说，那种人为的社会契约观念对于解释政府的起源并不是必然的，对于证明政府的合法性和道德解释也不是必然的。

然而，莱布尼茨反对任意权力，不管它是君主政体还是多数人专制。他不赞同霍布斯在权力和理性之间所做的不成功的区分。在政治上最理想的是这两者相结合。权力对于把权力转化为事实来说是必不可少的。善行对于形成做正确之事的领导者来说是必不可少的。聪明者和有德行者应当成为统治者，并且他们应当改善生活条件、推进知识和市民美德的提高。"追求德性的政治学的目标是丰富充裕"，因而人民"将处在更好的协同工作的位置"，以获得那些"能使得君主亚瑟（Author）受到尊敬和爱戴"的效果。

在莱布尼茨的政治理论中，有些方面今天看起来或许是非常卓越的，并有些家长式作风。然而，他的快乐主义伦理学的逻辑结果是，他在政治学中应当把重点放在福利上，即使以更标准的民主价值观念为代价也在所不惜。此外，不应当认为莱布尼茨在引诱他的赞助人。在好几本著作中，他都严厉地谴责王子和国王没有尽最大努力促进其国民的福利。他非常清醒地意识到，国王在坏心情下做出的决定有可能会引起众多臣民死亡。

## 国 家 主 权

莱布尼茨不仅推进了社会利益的事业，而且他还是汉诺威王室的政治顾问,并曾充任欧洲外交官。他是法国国王路易十六的同时代人,路易国王具有领土扩张主义野心,其他欧洲国家都惧怕他。莱布尼茨撰写了论辩性和挑战性的小册子反对路易国王,即使他极为崇拜巴黎的知识文化。

他竭力帮助汉诺威王室获得英国王座。莱布尼茨的朋友索菲是一位有选举权的女人,她是已故不列颠国王詹姆斯一世(1566—1625年)的孙女,信奉新教。莱布尼茨曾建议该家族如何在外交上捍卫王权,即以英国不希望看到信奉天主教的斯图亚特家族卷土重来作为捍卫王权的理由。莱布尼茨是一位颇有韬略、机智聪明并坚持不懈的外交官。

1678年,在尼米镇(Nijmegen)召开了一次有关和平的会议,以结束法国和荷兰之间的冲突。莱布尼茨以凯萨利纳·福斯坦纳留斯(Caesarinus Fürstenerius)作笔名为此次会议撰写了一篇政治文献。该文提出了德国有选举权的人和君主是否应该被考虑作为外交力量的问题。在莱布尼茨所生活的时代,德国作为一个政治国家还不存在。它是由许多公国所组成的,每个公国都有其自己的统治者或次级君主。然而,每一个公国都是叫作"神圣罗马帝国"的整个帝国的一部分,该帝国由哈布斯堡王朝(利奥波德一世)统治,包括奥地利、波希米亚、匈牙利和德国。该帝国是由七个被称为选举人的德国君主选举的。在这次会议上有一个问题必须回答,这就是这些公国是否应当被认为是国家。

莱布尼茨坚持认为，这些公国应当被视为相互独立的主权国家。他是通过对主权做出纯粹的描述性说明而进行论证的，这种论证没有试图通过诉诸法律而证明这种概念的正确性。莱布尼茨宣称，主权只不过是"对领土的控制"，或者具有足够的力量保持这种控制。他的描述适合于那个时代德国诸公国的情形，这些公国拥有武装和许多主权象征，但是仍然效忠于罗马帝国。

莱布尼茨还通过为反驳绝对主权观念提供理由而支持他的分析。绝对主权的提倡者会宣称德国诸公国不具备作为独立主权国家的资格，因为它们效忠于罗马帝国，并且是罗马帝国的一部分。因此，莱布尼茨竭力摧毁绝对主权观念。他是从两方面进行论证的。首先，他论证说，国家不是一个存在物。它只不过是一种集合体，就像一个牧群或聚会。只有个体才是真正的存在物（正像我们在前面的章节中已看到的那样）。其次，他针对霍布斯的有关论断进行论辩。

英国哲学家托马斯·霍布斯为支持绝对主权进行过论证。他宣称，若没有绝对主权，人们就会处于彼此争斗之中，因为每一个人对所有事物都具有自然权力。根据霍布斯的观点，要避免人们之间的这类争斗，唯一的方法就是把他们的权力让渡给政府或国王。霍布斯坚持认为，只能有一个政府，并且政府必须集中在一个绝对君主手中，因为权力若被瓜分在几个集团或个人手中，在它们或他们之间便会有冲突，战争将会因此而发生。

莱布尼茨不赞成这些观点。根据莱布尼茨的看法，除了前面提到的反对意见以外，霍布斯的观点是建立在某种虚假的两分法之上的：对无政府主义的自然状态的唯一选择是绝对的君主。莱布尼茨指出，这种二分法与欧洲的实际状况并不相符，在欧洲这两种情形都不存在。此外，莱布尼茨还主张，即使有绝对的主权，它也将是上帝，"上帝是人们在所有事物中所唯一相信的存在"。

霍布斯对法律的分析也支持了他关于绝对君主观念。霍布斯宣称，法律不仅仅是某种命令。法律是至高无上的统治者的命令，并且这种法律应当得到遵守，因为它是命令。莱布尼茨不赞同这种分析，他论证说，法律的内容是事关重要的规定，即是对福利和正义的促进。

## 国际关系

在17世纪70年代，莱布尼茨相信欧洲基督教徒的联合或联盟。他提出这一观念是为了使欧洲联合起来，并且使各宗教教派之间的争斗归于终结。这一观念要求帝国保护基督教教徒和教会"反对异教徒"（亦即土耳其人）。他提倡建立一般的委员会，这种委员会将是基督教徒的元老院。在这个欧洲基督教徒联合会中，特殊的国家或公国将继续存在，但是作为处于支配地位的基督教徒联合会的一部分而存在。在其一生的后来岁月里，莱布尼茨很少再对宗教和政治统一的可能性抱乐观态度了，他还曾提出要依赖国际法和国际条约来保障国际和平。

# 12

On Leibniz ——————— 关于洛克

**16**90年，洛克出版了第一版《人类理解论》。在洛克的这本著作出版五年之后，莱布尼茨阅读了该书的一部分，并写了一些评论，这些评论传递给了洛克。莱布尼茨的英语知识是有限的，这必定使他阅读洛克的著作时很困难。1700年，洛克的《人类理解论》以法文出版，莱布尼茨在1703年间潜心研究了这部著作。大约在这个时候，他开始针对该书撰写内容广泛的评论，这些评论成为《人类理解新论》。莱布尼茨的《新论》第一手稿完成于1704年5月。之后，他对该手稿进行了修正，并准备在1704年11月付梓出版。在该月月底，莱布尼茨得到了洛克死亡的消息，因而他决定不再出版他的著作，指出洛克不可能再回复他的评论。他还表达了他有可能卷入另一场争论的忧虑。

在 1704 年间，莱布尼茨与马沙姆（Masham）夫人保持着通信联系，洛克在其去世前的几年里就临时住在马沙姆夫人的家里。此时，洛克本人病情太重，已不能给莱布尼茨写信。在洛克于 1704 年 10 月逝世后，莱布尼茨继续与马沙姆夫人通信，把他自己的哲学与她父亲卡德沃思（Cudworth）的哲学进行比较，并且对她本人论神圣之爱的著作做了评论。

## 新　　论

在其著作中，洛克为反驳天赋观念提供了各种理由，并试图表明我们的所有观念是如何起源于感觉经验的。在这部著作中，他分析了许多重要的哲学概念，诸如实体、原因、心灵和上帝，其主要目的是表明这些概念如何必定被理解为具有它们给定的经验起源——也就是说，从整体上看，他对形而上学抱怀疑态度。

莱布尼茨对洛克的评论采取了对话的形式，以菲勒莱瑟（Philalèthe，意为"真理的热爱者"）为一方，代表洛克，以提奥菲勒（Thèophile，意为"上帝的热爱者"）为另一方，代表莱布尼茨。莱布尼茨直接以洛克理论的出发点即拒绝天赋观念为论辩的开始。莱布尼茨认为，在形而上学、伦理学、逻辑和数学这些真的理论中存在着必然的真理，它们不依赖于感觉经验，因而只能先天地或者通过其自身建立在先天原则之上的证明而被了解。例如，不矛盾律（矛盾不可能是真的）就是先天的。充足理由律也是如此，它表明，若没有理由说明为何是如此而不是其他样子，什么也不会发生。这两条逻辑规律可以先验地认识，不必诉诸感觉经验，因而它们是形而上学的基础。

莱布尼茨还论证说，对先天观念的认识已经内在地存在于洛克自己的观点中。洛克断言，我们的观念在经验中有两个来源，即感觉和反省。莱布尼茨指出，反省必定指向心灵自身，并且正是通过反省，我们认识到了那些先天观念或心灵的特征，它们是心灵成为其所是所必需的东西。这些观念包括实体、统一性、变化、持续、作用和知觉。莱布尼茨说：

> 除理解本身以外，理解中的任何东西无不预先存在于感觉之中。（Jolley，p.12）

莱布尼茨还注意到洛克接受了关于天赋的能力和气质的观念，因此，这两位思想家的观点并没有太大的区别。

## 无意识的知觉

这两位哲学家之间的重要区别之一是，洛克假定我们必定会意识到我们自己的观念。因此，洛克坚持认为关于天赋观念的概念是荒谬的；这种概念包含着我们具有某些我们尚未意识到的观念。然而，莱布尼茨针对洛克的初始假定即我们能够意识到我们的所有观念进行辩论。为表明必定存在着无意识的观念，他提出两个颇具独创性的论证。首先，在酣睡中，我们能被某种声音惊醒。因此，在我们尚未意识到这种声音时，它就能撞击我们的心灵。其次，如果我们的大多数观念不是无意识的，我们就不能注意到那些重要观念。我们的意识将被塞满。

莱布尼茨宣称，我们的所有有意识的观念都是由微小的无意识的知觉所构成的。这是由连续性原则所造成的，根据连续性原则，自然从来不做飞跃。用大力气可以把一段绳子拉断，这只是由于它被一小股力量拉长了一点儿而已。同样，一盏灯只因许多知觉我们没有意识到才能被看见。

这一观点说明了不可分辨的同一性原则的真实性和重要性。即使两个实体或单子表面上看上去很相似，它们在微观上、在无意识的知觉方面也不相同。

不可分辨的同一性原则表明，在洛克哲学中的其他诸多方面都存在着问题。例如，洛克显然为一般的实体概念提供了种种理由，把实体理解为一种纯粹的、各种性质或属性内在地存在于其中的始基（参见下面的论述）。根据莱布尼茨的观点，这种概念毫无意义，因为没有任何方法可以证明这样理解的各种不同的实体是正当的。换言之，这种观念违背了不可分辨的同一性原则。

此外，洛克坚持心灵在出生时是一块白板，也与这一原则相违。没有观念的心灵不具有任何个性特征。因此，不可分辨的同一性原则意味着心灵在出生时不可能是白板，因而必定存在着天赋的观念。

为反驳不可分的原子的存在，莱布尼茨提出一种类似的论证：如果它们是不可分的，那么它们便不可区别。此外，如果人们想通过宣称这种原子能够通过它们的时空位置做出区分来回答莱布尼茨的问题，那么，他将会遇到适用于空间和时间本身的同样的观点。牛顿的绝对时空概念没有意义，因为除了其他理由以外，它还要求某种具有不可分之部分的事物的观念。

## 形而上学和神学

对莱布尼茨来说，关于天赋观念的争论具有深刻的形而上学意义和神学意义。根据他的观点，在否定天赋观念时，洛克拒斥了恰当地理解宗教的基础。例如，洛克的经验论断言，所有的观念都起源于经验，这使得无限性概念在本质上成为有问题的概念。洛克运用他的概念获得理论论证说，我们没有肯定的无限性概念。我们只有关于一种单位没有限制地重复的否定性概念，即潜在的无限的数量概念。

这意味着我们不能有意义地谈论作为无限的智慧、能力和善的上帝，因为在这种断言中，无限性概念是肯定地和非数量地使用的。相反，莱布尼茨论证说，这类断言可以是有意义的，因为无限性概念并不局限在起源于有限经验之中的东西，这是由于无限性概念是先天的。鉴于诸如此类的理由，莱布尼茨抱怨说洛克的形而上学是渺小的或不宽宏的。他写道，洛克"削弱了柏拉图主义者的宽宏的哲学"（Jolley，p.16）。

## 灵　　魂

在 1704 年的一封信中，莱布尼茨针对《新论》写道：

> 我最关注的是洛克先生留下疑问的证明灵魂的非物质性为正当的问题。（Jolley，p.102）

在《人类理解论》中，洛克坚持认为没有任何根据否定物质会思维。根据洛克的观点，我们不可能有任何证据反对唯物主义。洛克是从两个方面来论证这种激进观点的。首先，他认为，一般的实体概念是关于某种不可知之物的概念。这也非常适用于非物质的实体观念，正像它适用于物质实体一样。即使存在非物质的心灵，它也是不可知的。其次，洛克拒斥我们的人格同一性存在于非物质的实体同一性之中的观念。换言之，他不承认人格同一性要求存在非物质的心灵或灵魂的观点。

莱布尼茨完全彻底地反对洛克关于唯物主义的不可知论立场。他论证说，这种观点使灵魂的不朽性成为可疑的。关于灵魂是不朽的论断，要求断言它是非物质的。让我们考察一下莱布尼茨是如何反驳洛克的论证的吧。

## 实体

洛克对关于唯物主义的争论持不可知论的观点，其理由之一便是其提出的实体观点。至少根据一种解释，洛克断言实体概念是关于承载属性的那种不可知的始基的观念。洛克批评这种观念是空洞的，称这种观念为"关于我不知其为何物"的观念。这种实体观点支持着洛克拒绝唯物主义的取舍。如果实体是必然地不可知的，那么我们便不会有断定物质实体不能是有意识的根基。

为反驳洛克关于实体概念的解释，莱布尼茨论证说：

> 如果你要在实体中区别两种东西，即属性及其主体，那么自然地你将不能在该主体中感知到任何东西。（Remnant and Bennett，p.218）

换言之，洛克对实体的解释不合法地把实体与它的全部属性对立起来，并以此为基础，抱怨实体概念是空洞的。相反，莱布尼茨不承认纯粹的始基观念是合法地理解实体概念的方法。

正如我们在前面已经看到的那样，莱布尼茨论证道，洛克的实体概念与不可分辨的同一性原则是抵触的。洛克的理论意味着有可能存在着两个不可分辨的相同实体，这是不可能的。此外，莱布尼茨具有其自己的肯定的实体理论，这在前面我们已经考察过。

## 人格同一性

洛克否定人格的同一性和不朽性要求非物质实体的持续存在。他断言，关于人格通过时间而持续存在的观念并不要求实体概念的存在，不论物质还是非物质都是如此。它不依赖于灵魂实体的同一性，即使存在着这类事物。相反，人格同一性依赖于记忆。假定苏格拉底的灵魂转世，投生在现在的魁因波罗（Queenborough）市长的身体上。根据洛克的观点，即使情形确实如此，魁因波罗市长也将不是与苏格拉底相同的人，除非该市长具有苏格拉底的记忆。

与这种观点相反，莱布尼茨论证说，记忆的连续性并不构成人格的同一性，因而对人格同一性来说并不是必然的。相反，它通常只不过是被当作人格同一性的可靠证据而已。与此相反，人格同一性则是由非物质的单子之同一性所构成的，因为一个人是一种非物质的存在或单子。

在考察针对洛克的这些反驳意见时，我们应当牢记莱布尼茨自己为反驳传统的物质概念、支持非物质的实体观点而进行的论证，这些观点在前面的章节中都已讨论过。由于所有这些原因，洛克关于心灵的唯物主义观点的不可知论被误解了。

## 本 质 主 义

洛克是通过区分真正的本质和名义的本质而论证其反本质主义的命题的。某种实体的名义本质，诸如金子，是关于那种实体所具有的可观察特征的观念。例如，由于对象的金黄颜色及其重量，我们就把这种对象叫作金子。洛克把金子的名义本质与其真正本质做了对比。其真正的本质是使某物成为其所是的那些东西。例如，在金子这一例子中，其真正的本质是那块实体的内在构成或粒子结构。洛克之所以做出这一区别，是为了论证我们是根据其名义本质而不是其真正的本质而对实体进行分类的。根据洛克的观点，实体所具有的真正本质是我们不可知的，并且由于这一原因，我们仅仅根据名义本质做出我们的分类。

相对而言，莱布尼茨认为，我们是根据真正的本质进行分

类的,即使它是不可知的。他说:

> "金子"这个名称不仅表示说话者对金子已知的东西……而且表示他不知道的东西。(Remnant and Bennett, p.354)

换言之,即使我们不知道金子的真正本质,这也不意味着"金子"一词仅仅代表其名义本质。我们可以用"金子"一词来代表具有我们所不知道的真正本质的事物。当然,即使情形确实如此,我们在分类中也容易犯错误。然而,这类错误是相当可能的。实际上,我们对相关的种类性术语所下的定义(例如"金子")永远是权宜之计。譬如,关于"金子"的定义,在我们对这种实体的内在结构有进一步的了解时,我们就会对之加以修正。譬如,一旦我们发现了一种新的测试方法,从而可以区分伪造品和真正的黄金时,这种定义就将会改变。(Remnant and Bennett, p.312)

莱布尼茨看到了关于人类概念的这种争论的重要性。根据洛克的观点,可称为人类的存在物依赖于我们关于该物种的名义本质的观念。换言之,在我们的分类中,存在着不可避免的独断因素。莱布尼茨认为,"人类"一词是指一种具有特殊的真正本质的存在,即是有理性的存在。同时,这并不意味着我们能够永远知道一个生物是人类或不是人类。譬如,要知道我们是否应当把一种奇特而陌生的怪物看作人类，有可能是非常困难的。莱布尼茨还认识到，外部的特征，诸如物理形态，通常被用作确认一个存在物是不是人类的标准或象征。尽管如此，"人类"一词仍然是指具有某种真正本质的存在。

最后请注意：我们在第 4 章已经看到，莱布尼茨论证说某种个体的所有属性对那种个体来说都是本质的。这一论断是建立在如下断言之上的：每一种个别实体都是由把它与所有其他可能的个体区别开来的完整概念来定义的。莱布尼茨在其回复洛克的评论中没有讨论其理论的这一方面。

On Leibniz ——————— 13 中国

1689年，当莱布尼茨还在罗马时，他与耶稣会传教士克劳迪奥·格雷马迪（Claudio Grimaldi）邂逅，后者是中国数学所所长。莱布尼茨对中国的语言、技术和哲学很感兴趣。这个兴趣是他从17世纪60年代以来一直具有的，后来他对中文作为普遍语言的潜在样板发生了兴趣。

在这次邂逅之后，莱布尼茨定期地与中国耶稣传教团保持着通信联系。1697年，他编辑了一部来自该传教团的论文和通信文集，取名为《来自中国的最新消息》（*Novissima Sinica*）。乔奇姆·白晋（Joachim Bouvet）得到一本这样的书，他就写信给莱布尼茨，给他讲述了更多的关于中国的信息，并给他随信寄来他自己的一本书：《中国的历史描述》。1699年，莱布尼茨把这本书收录在他的第二版《来自中国的最新消息》中。

在其在世时的最后一年，即1716年，莱布尼茨读到了两篇关于中国经典文献的评论。他受邀为这两部著作发表意见，在回复时他撰写了《论中国自然神学》，我们在后面将要论及此书。

莱布尼茨论中国哲学的著作，对于表现他作为一位思想家和对于显示欧洲人那时看待中国的态度是非常有趣的。尽管莱布尼茨是欧洲当时最了解中国哲学的人之一，他却不能阅读中文著作。他不得不依赖那些在中国的耶稣会传教士，譬如白晋等人。

## 与白晋的通信联系

与白晋的联系是至关重要的。他们之间有意义的通信联系包括在1696—1703年的9封信中（莱布尼茨在1703年之后给白晋写了6封信，但是一封回信也未收到）。在他早年写给白晋的一封信中，莱布尼茨描述了他自己的哲学基础，这种哲学要求存在各种各样的力，古希腊人称这些力为"形式"，此外还有质料。在复信中，白晋指出了莱布尼茨哲学与中国哲学的诸多相似性。

1701 年,莱布尼茨与白晋写信,描述了他的二进制算术,包括具有创世的类比(参见第 9 章)。1703 年,莱布尼茨收到了白晋热情洋溢的复信,信中声称理解《易经》和中国哲学本性的秘密存在于莱布尼茨的二进制算术之中。

白晋声称,中国现存最古老的书《易经》代表着中国古老的文化,其中的知识随后失传了。他说,《易经》中的六爻的卦是中国语言中最早的字母,它们代表着古代形而上学体系的原则,但是在孔夫子时代(公元前 551 年),它们在中国失传了。他送给莱布尼茨一本六爻天象之前的书,它包括 64 卦,据传这是 4500 年前由伏羲创作的。白晋认为,这个图表包含着算术、天文学、医学和音乐等古代科学的秘密。他还声称,阴爻(有断裂的线段)表示 0,阳爻(没有断裂的线)表示 1,除此之外这些卦图还以二进制表示从 0 到 64 的数字。

由于这封信,莱布尼茨有理由认为,他毕生为之奋斗的那种普遍算法和语言已为古代中国人所知晓。此外,白晋还论证说,古代中国有一种自然宗教,它与基督教的基本原理是一致的。因此,白晋断言,使中国人皈依基督教的最佳方法是使中国人重新学习他们以往被遗忘了的形而上学。这也深深拨动了莱布尼茨的心弦,他相信理性可以揭示这种真正的宗教,基督教的基本原理可以用他正在开发的这种普遍语言清楚地加以探究。

由于这些原因,白晋确信莱布尼茨的普遍算法和二进制计数法对于中国的统一事业是非常有用的。事实上,二进制数字与卦图之间的相似性取决于人们从哪里开始解读这种卦图。换言之,对于它的解释不是固定不变的。此外,白晋生活在清统治者的皇宫里,与各省处于隔绝状态。中国人把清统治者视为来自北方的异族人。为对付这种状况,清统治者采用了非常传统的方法接受古典文献,这些文献强调了诸如《易经》这类经典著作中所真正隐含的意义,以同那时的中国文字社会相对抗。无论如何,白晋认为这些卦图代表着古代一种失传已久的知识,那时人们对宇宙的秘密已知道得更多。

## 论中国自然神学

莱布尼茨把《论中国自然神学》分为四部分。第一部分论上帝,第二部分论精神和物质概念,第三部分论人类灵魂和不朽,而第四部分则论二进制数字和《易经》。前两个论题,即上帝及其创造物,几乎占据了该书 75% 的篇幅。

利玛窦(Ricci,1552—1610 年)在中国度过 28 年,其间他在中国建立了第一个天主教传教使团。由于他能用中文撰写著作,他在中国文学圈子中受到极大的尊重。他在其传教著作中试图寻求一种和谐的方法。利玛窦不把中国文化视为异端和不值得尊重与研究的东西,相反,他认为中国传统的形而上学和习俗可以与基督教相统一。因此，他提出，在中国应当把中国人的古代传统和礼仪同基督教信仰相结合。

后来，龙华民（Longobardi，1565—1655年）接替利玛窦担任了传教团的团长。然而，龙华民认为中国古代文化是唯物主义的，而其近代文化则是无神论的。他声称孔子的学说不可与基督教同日而语。因此，他指出皈依基督教要求从总体上放弃中国的传统。

在《论中国自然神学》中，莱布尼茨的主要目的是捍卫利玛窦的观点，反对龙华民的观点。在该书第一部分，莱布尼茨论证说中国人确实有一种与关于上帝的基督教观念相似的概念，这一论断是龙华民所否定的。这种论证依赖于"礼"，莱布尼茨把它解释为"第一原理"（第四节）。在引用中文文献时，莱布尼茨把"礼"称为伟大的和普遍的原因，并坚持认为没有任何东西比"礼"更大或更好。除此之外，根据中国文献，礼是五德之源。他总结说，礼有许多特征，这使得"礼"成为可与基督教的上帝观念相媲美的观念。

这些观点有利于莱布尼茨的立场，但是龙华民仍然坚持认为对"礼"作唯物主义的解释是正确的，并认为应当把礼理解为原初的和没有差别的物质。莱布尼茨对这一观点持有异议。首先，他承认当时的中国社会在很大程度上是无神论的，但是他认为中国古代文化反映了一种自然宗教，这种自然宗教在很大程度上与基督教是一致的。其次，中国古典哲学把礼视为某种能动的动力,而不仅仅把它视为消极的原初物质。最后,莱布尼茨认为,"礼"这一词还可以指称个体的灵魂(或单子),并且这种含糊性正是龙华民出现混淆的主要原因。

根据莱布尼茨的观点,中国古典文献提出有一种精神力量支配着宇宙中的各种事件,并且这种精神力量具有各种表现形式,例如"礼"(第一原理)、"太极"(终极实现)和"道"(方法)。他的观点是否正确呢?

## 历史背景

我们对孔子(前551—前479年)观点的了解主要是通过《论语》获得的,这本书是孔子与他的学生进行讨论的对话集。大多数研究孔子思想的当代评论家都把他的思想解释为不可知论的和理性主义的。《论语》中没有关于形而上学的讨论。实际上,孔子回避了抽象的形而上学思辨。《论语》所关注的仅仅是伦理学、美学、政治学和各种风俗习惯。它的主题是精神通过参与传统、社会和礼仪,通过履行与一个人的社会角色相联系的职责而自我养成。

关于儒家思想的另一部重要著作是《孟子》,由孟子(前372—前289年)撰写。这部著作中也包含着一些形而上学讨论。还有一部更晚的关于儒家学说的著作,书名叫《礼记》,

于公元前 2 世纪编纂而成,这部著作包含着《大学》和《中庸》,其中确实有一些形而上学思想。不幸的是,莱布尼茨认为这两章是由孔子撰写的。

在《论中国的自然神学》一书中,莱布尼茨提到了《论语》《孟子》《大学》和《中庸》,称之为关于儒家经典思想的"四书"。然而,从总体上看,在这些著作中几乎没有能证实莱布尼茨的一般命题论述。

问题的症结大致可归之于龙华民和圣玛丽,莱布尼茨的中国古典文献知识正是依赖他俩而获得的。他们两人都详尽地引用了新儒学的文献,叫作《述要》,是 1422 年编纂的一部古典著作和评论文集。然而,龙华民和圣玛丽一向没有把通常包含形而上学的新儒学的评论,与很大程度上不包含形而上学的古典文献区别开来。

然而,莱布尼茨的主要兴趣不在孔子以后的中国历史的古典阶段(从公元前 6 世纪到公元前 3 世纪),而是在此之前数个世纪的半是传说的古代阶段。在这方面,莱布尼茨受到了白晋观点的影响,白晋认为《易经》产生于公元前 3000 年以前。莱布尼茨赞同白晋的观点,认为在遥远的过去,中国是由贤明的国王所统治着的,这些国王天生地相信宗教。

中国的文明或许起源于公元前 19 世纪,大约比莱布尼茨所认为的晚了一千年。《易经》中最古老的部分,即那种令莱布尼茨如此着迷的卦图,或许产生于公元前 1000 年左右。然而,讨论卦图意义的评论或许写于公元前 3 世纪。简言之，我们对古代中国人的形而上学信念确实一无所知，这与莱布尼茨所认为的恰恰相反。

## 结　　论

尽管存在这些难题，莱布尼茨关于中国哲学的学术文献仍然是富有开创性的工作。他撰写其著作的时代很少有西方哲学家对中国感兴趣。除此之外，在莱布尼茨的著作中，我们可以看到他身上所具有的外交家风范，这促使他去发现东方和西方的统一性之所在。在他逝世前的最后岁月里，我们还可看到他所具有的乐观主义和爱心，正是这种乐观主义和爱心推动着他生命不息，奋斗不止。

On Leibniz ———————— **参考书目**

1. 亚当斯,罗伯特·梅里休:《莱布尼茨:决定论者、有神论者、唯心主义者》(Adams, Robert Merrihew, *Leibniz: Determinist, Theist, Idealist*, Oxford, 1994)

2. E. J. 艾顿:《莱布尼茨传》(Aiton, E. J., *Leibniz: a Biography*, Adam Hilger, 1985)

3. D. 博姆:《整体性和隐含秩序》(Bohm, D., *Wholeness and the Implicate Order*, Ark, 1983)

4. D. 博姆和 B. 希利:《不可分的宇宙》(Bohm, D.& Hiley B., *The Undivided Universe*, Routledge, 1993)

5. C.D. 布罗德:《莱布尼茨:引论》(Broad, C.D., *Leibniz: an Introduction*, Cambridge, 1975)

6. 斯图阿特·布朗:《莱布尼茨》(Brown, Stuart, *Leibniz*, University of Minnesota, 1984)

7. 杜兰德:《路易十四时代》(Durant, *The Age of Louis XIV*, Simon and Schuster, 1963)

8. H.G. 法兰克福编:《莱布尼茨:批判论文集》(Frankfurt, H.G., ed., *Leibniz: a Collection of Critical Essays*, Doubleday, 1972)

9. M. 胡克编:《莱布尼茨:批判和解释》(Hooker, M, ed., *Leibniz: Critical and Interpretative Essays*, Minneapolis, 1982)

10. H. 伊什格罗:《莱布尼茨的逻辑与语言哲学》(H. Ishiguro, *Leibniz's Philosophy of Logic and Language*, Duckworth, 1972)

11. W. 克尼尔和 M. 克尼尔:《逻辑的发展》(Kneale, W.and M., *The Development of Logic*, Oxford, 1962)

12. 莱布尼茨:《神义论》, E.M. 哈加德编 (Leibniz, ed. Huggard, E.M., *Theodicy*, Open Court, 1985)

13. 莱布尼茨:《哲学论文和书信集》, L. 洛梅克编 (Leibniz, ed. Loemaker, L, *Philosophyical Papers & Letters*, Reidel, 1969)

14. 莱布尼茨:《形而上学与相关论文集》, R. 马丁和 S. 布朗编 (Leibniz, ed. Martin, R.and Brown S., *Discourse of Metaphysics and related writings*, Manchester, 1988)

15. 莱布尼茨:《逻辑论文集》, G. 帕金森编 (Leibniz, ed. Parkinson, G., *Logical Papers*, Clarendon Press, 1966)

16. 莱布尼茨:《哲学文集》, G. 帕金森编 (Leibniz, ed. Parkinson G., *Philosophical Writings*, Deent, 1973)

17. 莱布尼茨:《人类理智新论》,P. 雷姆南特和 J. 贝内特编(Leibniz, ed. Remnant, P.and Bennett, J., *New Essays on Human Understanding*, Cambridge, 1981)

18. 莱布尼茨:《政治论文集》,P. 赖利编(Leibniz, ed. Riley, P., *Political Writings*, Cambridge, 1988)

19. 莱布尼茨:《中国自然神论研究》,H. 罗斯蒙德和 D. 库克编(Leibniz, ed. Rosemont H., and Cook. D, *Discourse on the Natural Theology of the Chinese*, Hawaii, 1977)

20. 莱布尼茨:《莱布尼茨与阿诺尔德通信集》(Leibniz, *The Leibniz-Arnauld Correspondence*, Manchester University Press, 1967)

21. J.M.麦凯:《戈弗雷·利阿姆·冯·莱布尼茨生平》(Mackie J.M., *Life of Godfrey Liiam Von Leibniz*, Gould, Kendall and Lincoln, Boston, 1845)

22. G. 马丁:《莱布尼茨:逻辑与形而上学》(Martin G., *Leibniz: Logic and Metaphysics*, Barnes & Noble, 1967)

23. 梅蒂斯和本森:《莱布尼茨的哲学》(Mates, Benson, *The Philosophy of Leibniz*, Oxford, 1986)

24. D.芒格罗:《莱布尼茨与儒学:寻求一致性》(Mungello, D, *Leibniz and Confucianism: the Search for Accord*, University of Hawaii Press, 1977)

25. N. 乔利编:《莱布尼茨剑桥指南》(Jolley, N.ed.,

*The Cambridge Companion to Leibniz*，1995）

26．G.H.R. 帕金森：《莱布尼茨形而上学中的逻辑与实在》（Parkinson，G.H.R.，*Logic and Reality in Leibniz's Metaphysics*，Garland，1985）

27．尼古拉斯·雷斯彻：《莱布尼茨哲学导论》（Rescher，Nicholas，*Leibniz：an Introduction to his philosophy*，Blackwell，1979）

28．罗斯·乔治·麦克唐纳：《莱布尼茨》（Ross George MacDonald，*Leibniz*，Oxford，1984）

29．加雷特·汤姆森：《从笛卡尔到康德》（Thomson，Garrett，*Descartes to Kant*，Waveland Press 1997）

30．加雷特·汤姆森：《洛克》（Thomson，Garrett，*On Locke*，Wadsworth，2001）